汉台语同源论

丁邦新 著

商务印书馆
创于1897 The Commercial Press

图书在版编目(CIP)数据

汉台语同源论/丁邦新著.—北京:商务印书馆,2020
ISBN 978-7-100-18746-6

Ⅰ.①汉… Ⅱ.①丁… Ⅲ.①汉语—关系—壮傣语支—研究 Ⅳ.①H1②H41

中国版本图书馆 CIP 数据核字(2020)第 122456 号

汉台语同源论
丁邦新 著

商 务 印 书 馆 出 版
(北京王府井大街36号 邮政编码100710)
商 务 印 书 馆 发 行
北 京 冠 中 印 刷 厂 印 刷
ISBN 978-7-100-18746-6

2020 年 10 月第 1 版 开本 850×1168 1/32
2020 年 10 月北京第 1 次印刷 印张 6
定价:59.00 元

自　　序

2004 到 2009 的五年间，我陆续把李方桂先生的《比较台语手册》翻译成中文。翻译的过程中发现原始台语跟汉语上古音有许多关系词，整齐的对应不像是偶然的借词。这些词在读英文原著的时候，不容易发现。例如声母 p- 的部分：

英语意义	原始台语
meadow, wilderness	*pa B1
hundred	*pak D1L
to divide into shares	*pən A1
to announce, report	*pau B1
to be flat, board	*pɛn C1
flour, cake	*pjɛŋ C1
eight	*pjɛt D1L
to peel	*pɔk D1L

加上翻译及汉字以后，面貌完全不同。

台语意义	原始台语	汉字
草地、旷野	*pa B1	坝
百	*pak D1L	百
分成	*pən A1	分
报告	*pau B1	报
木板	*pɛn C1	板
面粉、饼	*pjɛŋ C1	饼

八	*pjɛt D1L	八
削皮	*pɔk D1L	剥

台语意义跟汉字一对照，立刻发现对当清楚，尤其汉语声调的平上去入对应台语的 ACBD。如果再加上汉语上古音，就成为下面的情况：

台语意义	原始台语	汉字	上古音
草地、旷野	*pa B1	坝	*prag 去
百	*pak D1L	百	*prak 入
分成	*pən A1	分	*pjən 平
报告	*pau B1	报	*pəgw 去
木板	*pɛn C1	板	*pran 上
面粉、饼	*pjɛŋ C1	饼	*pjing 上
八	*pjɛt D1L	八	*prit 入
削皮	*pɔk D1L	剥	*pruk 入

沿着这个方向，找到了两百多条关系词，就成为这本小书的主体“同源词谱”——第二章到第五章。

这时候面临一个老问题，这些关系词究竟是同源词还是借词？我提出几个辨认的方法，例如：某种语音的对当不可能是借词；不整齐的对当只可能是同源词；转折的语音对当无法解释为借词。这就成为本书的第一章，也就是探索的方法。

只说正面的话难以服众，我决定把反面的意见一一检讨，就是第六章。由于偶然的因素，我观察闽语中的核心词，发现核心词与同源词有深浅的关系。让我对研究的方法有了进一步的体认，写成了第七章“核心词与同源词”。然后就是结论，再一次检讨同源词的问题。

最后，加上六个附录，三个是同源词索引，以及三篇过去发表的相关的文章。一并请读者指教。

2017 年暑期我接受江苏师范大学杨亦鸣院长的邀约，担任语言科学与艺术学院的驻院学者，在那几个月中写成初稿；2019 年暑期再度访问，终于把全书整理完成。他们给我种种优待，尤其有一个清静的办公室，好像回到了三十年前我在历史语言研究所的氛围。又承研究生吴振亚编制索引，在此郑重道谢！

东坡说人生有如飞鸿，既然鸿爪留痕，岂能无诗以记之？

彭　城

丁酉夏五，应江苏师大杨亦鸣院长之邀，来访徐州。观汉画像石馆，见孟获扛鼎、孔子访老子等画像。十年来此城绿化有成，有十里杏花之胜。

杨花点点扑人面，汉室辉煌过眼前。
画像难摹孟获勇，残碑细记孔丘贤。
张郎妙计安邦国，项霸雄图化纸钱。
莫问彭城千古事，杏黄十里艳阳天。

楚　汉

己亥四月复至徐州，余及内子八十有三矣！云龙山葱茏依旧，云龙湖清澈如昔。徐州乃有“一城青山半城湖”之誉。余祖籍如皋，内子生于江阴。故里匪遥，不胜乡国之思。

重来恰遇暮春时，细雨霏霏满眼诗。

慨说千秋楚汉事，长歌百世萧韩痴。
半城湖水连天碧，一脉青山接地奇。
我有人间鸾凤侣，情牵故里好栖迟。

小书写成了，其中有几章曾以单篇论文的形式发表，现在跟主体部分“同源字谱”一起印行，希望更能呈现全貌。这就是我说明原委的序。

2019 年端午节前夕　丁邦新谨序于徐州

目　　录

第一章　绪论

1.1　编写汉台语同源词谱缘起

李方桂先生 1936—1937 年在《中国年鉴》(*The Chinese Year Book*)上发表 Languages and Dialects(《中国的语言和方言》)一文，指出汉语跟台语有同源的关系。认为基本上有三个条件:第一、单音节性，第二、有声调系统，第三、声母的清浊影响声调的分化。Paul Benedict（1972：2）认为这些条件可能只是类型学上的相似，并不足以证明汉语和台语有亲属关系。台语是跟印度尼西亚的语言有亲属关系,汉台语的同源说一定要放弃。Benedict(1975:1）又说：台语的单音节性跟具有声调的特性可以解释为汉语早期的影响。Matisoff（1973：88—89）认为个别语言声调的对比遵循一般语音的规则而演变；声调的演变跟亲属关系根本上是两回事。到 1976 年，李先生发表 Sino-Tai 一文，提供不少关系词，认为汉语跟台语之间不仅是类型学上的关系。但是总体说来汉语和藏语之间随着研究的进展发现的同源词日益增多，但汉语、台语同源词的研究却停滞不前。

对于汉台是否同源的问题我曾经发表好几篇文章（丁邦新2000、2005a、2005b、2008），从方法论、构词法到基本数词都讨论过。结论是认为目前最需要的任务就是寻找更多的同源词。

龚群虎的专书“汉台关系词的时间层次”（2002）在历史比较法之外，特别注意历史层次分析法。“确定并解释主要的语音差异层次及语音对应关系，从而确定历史层次。”（2002：12）基本上，确定早期关系词时，利用汉语的上古音及中古音作为参照音系。确定中古借词及晚期借词时，则利用汉语的平话、汉越语、潮汕话作为参照音系。

龚群虎的研究路向是正确的，可是他的上古音系统用的是郑张尚芳-潘悟云的体系（潘悟云2000），而我（1994）早就检讨过汉语上古音的元音问题，认为郑张的体系不如李方桂先生（1971）的系统可靠，在辨认关系词的时候可能会产生偏差。同时，他说（2002：3—4）：“上古关系词中哪些是借词，哪些是同源词，这个问题暂无明确答案。”在这本小书里，我正是想来寻找这个答案。对于以前汉台关系词的研究，龚群虎有一个简要的介绍，请参阅，在此不赘。

龚群虎的另外一个问题是他处理的对象是关系词，不同层次的材料放在一起，而我这里处理的只是同源词。虽然他最后也要找寻层次，但在讨论的过程及结果时，产生不必要的困难。例如：他讨论中古喻四的字跟泰语关系的时候，认为对应的泰文有十种：Cl-、Cr-、hl-、hr-、hj-、l-、r-、j-、ʔj-、ʔd（2002：11），解释非常困难，不容易找到对应的条件。自然也会牵涉到认定关系词的对错问题。

陈保亚、何方（2004）的文章里列举了许多“汉台核心一致对应词”，但是他们拟测的原始台语没有现代台语方言的资料，只说明出现在西南语支、中支或北支方言。如果只出现在某一支方言，为什么拟测为原始台语？有没有可能只是方言现象？古汉语部分用的是中古音，他们认为“上古音的研究还很薄弱”，只要方法正确，“坚持严格的语音语应规律”，用中古音更可靠。我认为上古音的研究诚然还有许多可以改进的地方，但李方桂（1971）的上古音系已经纲举目张，龚煌城（2002）提供了许多证据，也提出他个人的改进之处，不能完全忽略。中古音分韵细致，元音增多，跟上古音大不同，尤其上古有介音 -r-，有阴声韵尾等等，用中古音跟原始台语比较，可能有许多现象看不到，也无法讨论。所以，在这本书里我没有引用他们的例子。

本书从原始台语跟上古汉语入手，提供相当大量的汉台语同源词，编了一个同源词谱。基本上，我采取比较严格的方法。从原始台语出发，利用李方桂（1976）的文章（以下简称李文），跟（1977）的《比较台语手册》及我的中文翻译（2011，以下称丁译本），寻找对当的汉语同源词。《比较台语手册》中的数据最为丰富，通常每一个词汇都有暹罗语、龙州话、剥隘话，代表台语的西南支、中支和北支等三个大方言。然后注出上古音，上古音系则是根据李方桂（1971）的构拟。所谓“对当”是指声母、元音、韵尾、声调相当完整的对当。台语的材料局限于李先生的一书一文，同源词都具有原始台语的构拟。材料也许略少，但正确性无疑。

首先是声调，原始台语跟上古汉语的声调非常接近：

原始台语　A　B　C　D

上古汉语　平　去　上　入

原始台语声调之后的 1、2 表示阴阳调，显示声母的清浊。因为原始台语有完整的声调系统，上古汉语也只列平、上、去、入，不考虑声调从韵尾变来的问题。汉语跟台语阳入声的韵尾也基本相当，除去上古汉语的 -ŋw：-kw 以外，都是 -m、-n、-ŋ：-p、-t、-k。阴声字原始台语完全没有辅音韵尾，上古汉语的阴声韵尾仍然列出作为参考。声母发音部位对当很明显，如果部位或方法不同，可能显示原始共同语的来源。只有元音对当复杂，下文再讨论相关的问题。

1.2　同源词与借词的分别

这本书讨论的核心问题是同源词，但是如何辨认同源词却是众说纷纭的问题。某些学者认为是同源词的例子，别人认为是借词。现在就这个问题提出几个辨认的方法。

1.2.1　某种语音的对当不可能是借词

最显明的例子就是李先生（1976）提出来的“五、六”两字。他说（Li 1976: 47）：

Some words which are extremely similar in meaning, such as the numerals, etc. show irregular correspondences with Chinese. For example, why has the numeral “5” an initial h- (<*hŋ-)? Which is regular throughout all the Tai languages instead of as ŋ- in Chinese and Tibetan? Why has the numeral "6" an initial h- or r- (<*xr-) or r- in the Tai languages instead of l- (<*gwl-) as in Chinese?

"五、六"两字的拟音如下：

英语词汇	台语意义	暹罗话	原始台语	汉字	上古音
five	五	haa C1	*hŋa C1	五	*ŋag 上
six	六	hok D1S	*xrɔk D1S	六	*ljəkw<*r- 入

台语有好好的 ŋ-，为什么不像汉语一样读 ŋ-？如果是借词的话为什么要改读 h-？而这个 h- 又是从原始台语的 *hŋ- 变来的？在汉语的历史上 ŋ-（疑母）没有读 h- 的痕迹，只有闽语有变 h- 的现象，但都是阳调，不像台语完全是阴调（1 调）。换句话说，"五"字汉语里找不到读 h- 的来源；台语里找不到要改读阴调清声母 *hŋa C1> haa C1 的理由。

再说"六"字，有什么理由要把汉语的声母 l-<*r- 改读为 h-，泰语本身既有 l-，又有 r-。最难解释的是暹罗语"六"字的 h- 是从原始台语的复辅音 *xr- 来的，如是借词，*r 之前何以要加 x-？"六"字的次浊声母是阳调，而原始台语的 *xrɔk 却是阴调。

换句话说，这两个字的声母及声调，从语音对当的角度来看，不可能是借词，只能解释为同源词。

1.2.2　不整齐对当的一致性

1.2.2.1　接着上面的"五、六"两字来说，对当既无法解释为借词，只有同源词的可能，那么这里显示的是同源词不整齐的对当。如果只有这一两个字，那就难说了，很不容易确定它的可靠性。但我们却发现这种不整齐的对当有一致性：

英语词汇	台语意义	原始台语	汉字	上古音
sorcerer, doctor	男巫、医生	*hmɔ A1	巫	*mjag 平
ink	墨	*hmï̆k D1S	墨	*mək 入
ten thousand	万	*hmï̆n B1	万	*mjan 去
pus	脓	*hnɔŋ A1	脓	*nəngw 平
pincers	镊子	*hnɛp D1L	镊	*njiap 入
to tight, tighten	使紧	*hnɛt D1L	捏	*nit 入
gum (tooth), palate	牙龈、上颚	*hŋïak D1L	颚	*ŋak 入
five	五	*hŋa C1	五	*ŋag 上
goose	鹅	*hŋan B1	雁	*ŋran 去

这里列举的是原始台语整套的清鼻音 *hm-、*hn-、*hŋ- 对当于汉语上古音的 *m-、*n-、*ŋ-。原始台语都是阴调，汉语上古音都是浊声母，现代方言大致都变阳调。例子不多，但是现象是一致的。

这些例子我以前（2005，2008）就曾经详细讨论过，请参阅。我的想法就是认为不整齐对当的一致性表示同源词。

1.2.2.2

台语意义	原始台语	汉字	上古音
肺	*pɔt D1L	肺	*phjad 去
芥菜	*kat D1L	芥	*kriad 去
雾	*hmɔk D1L	雾	*mjəgw 去
帽子	*hmuek D1L	帽	*məgw 去

这四个同源词也无法解释成借词，因为汉语从古到今都没有

入声的读音，也没有收 -t、-k 的读法。如果是借词，从什么汉语方言借来？

对当的本身韵尾、声调有不整齐的地方，但也有一致性。1. 台语四个 D1L 的入声词汇对当的都是汉语的去声字。2. 原始台语收 -t 尾的对当的是古汉语的 -d，收 -k 尾的则对当古汉语的 -gw。我们知道李方桂先生早年（1945）研究台语中的汉语地支借词时，就曾指出“未”字 *mjəd 的 -d 尾借入台语各方言都读 -t 尾。3. 原始台语的 *hm- 声母对当的是上文提到过的古汉语的 *m-。这就再度证明了上面的说法：不整齐对当的一致性表示同源词。

1.2.3 转折的语音对当无法解释为借词

1.2.3.1 *pr-：*th-/t-

跟上面所说的“五、六”两字类似，有些对当根本不像借词，表面上也不像同源词。但深入探讨之后才发现，原来对当的语音是经历过一番转折的。例如：

英语词汇	台语意义	原始台语	汉字	上古音
to break	裂开	*prɛk D1L	摕（坼）	*thrak 入
bamboo strip	竹篾	*pru̯ɔk D1L	竹	*trjəkw 入

古汉语的 *th-/t- 跟原始台语的 *pr- 相当，无论当它是借词或同源词，都不好解释。如果是借词，*th-/t- 是原始台语中普通的声母，为什么不直接读为 *th-/t-？为什么要改读为 *pr-？如果解释为同源词，*th-/t- 怎么会跟 *pr- 同源？会不会两者根本就毫无关系？

现在我们来加以解释，表面上看来 *pr- 跟 *th-/t- 离得比较远，但是台语本身就有这样的演变。例如（丁译本 p. 78）：

台语意义	原始台语	西南方言	中支方言	北支方言
裂开	*prɛk D1L	tɛɛk	pheek	teek

同属中支的语言，依语读 phek、土语读 thɛɛk。同属北支的语言，剥隘读 teek、石家话读 preek。方言中既有 ph-、th-，也有 t-。更有力的是还有方言读 pr- 的。没有人能够质疑原始台语 *pr- 拟测的正确性。又如：

台语意义	原始台语	西南方言	中支方言	北支方言
竹篾	*pru̯ɔk D1L	tɔɔk	phjook	tuk D1S

同属中支语言的依语读 phĕoc、岱语读 thoc。声母 p-、t- 送气与否并没有太大关系。

由于台语本身的方言有这样的演变，我们说 *pr- 跟 *th-/t- 的对当是原始台语跟上古汉语的同源词，大概上古汉语也有 **pr->*th-/t- 的演变。换句话说，这个语音演变是经过转折的，转折的语音对当无法解释为借词，只能说是同源词。如果没有台语各方言充分的资料，我们根本不会发现这样的对当；即使发现大概也不容易取信于人。

1.2.3.2　*ʔd：*nj-

台语意义	原始台语	汉字	上古音
热	*ʔdïat D1L	热	*njat 入
阳光	*ʔdɛt D1L	日	*njit 入
小孩	*ʔdek D1S	弱	*njak 入

这一组只有三个例子，演变不大清楚。但有几点值得注意：第一，原始台语的 *ʔd 是清声母，也都是阴调，古汉语的 *n- 是浊声母，后来的方言大都读阳调。这跟上文原始台语清鼻音 *hm-、*hn-、*hŋ- 对当于汉语上古音的 *m-、*n-、*ŋ- 的情形类似。第二，“热、日”

两字可能有语源上的关系，原始台语跟古汉语的语音都显示特别的接近。第三，原始台语的“小孩”跟古汉语的“弱”字的关系有点奇怪。但《礼记·曲礼》“人生十年曰幼，学。二十曰弱，冠。”弱冠指二十岁。十岁之前大概更是“幼”，二十岁以前则是“弱”。

*ʔd 跟 *nj- 之间的演变不大清楚，但可以肯定的是：汉语的 *nj- 不可能借到原始台语变成 *ʔd，其中之一一定经过语音演变的转折，所以这些词汇的对当无法解释为借词。

1.2.3.3　*kl-: *k-

台语意义	原始台语	汉字	上古音
深色、紫色	*kləm B1	绀	*kəm 去
鱼鳞	*klet D1S	劀	*kit 入
缠绕	*kliəu A1	交	*kragw 平
椽、门闩	*klɔn A1	关	*kwran 平
*khl-: *kh-			
囚	*khləŋ A1	殸	*khring 平
牢固、坚硬	*khlɛŋ A1	铿	*khring 平

原始台语的有 *kl-、*khl- 等复辅音，也有单纯的 *k-、*kh-。如果是借词，汉语的上古音 *k-、*kh- 为什么会变成 *kl-、*khl-？我们很容易假定汉台共同语 *kl-、*khl- 的流音丢失了，在古汉语变成 *k-、*kh。

关于这些字的语义请参看下文 2.5.1 及 2.5.2 节。

1.2.3.4　*-k: -t

台语意义	原始台语	汉字	上古音
铁	*hlek D1S	铁	*thit 入

这里只有一个例子，原始台语的 -k 对当古汉语的 -t。"铁"字在现代台语方言中有两类读法：暹罗语是 lek D1S、龙州 lik、剥隘 lɛk，而侗水语莫话 lit、羊黄 let、水话 khət、sə̆t，李先生的拟测是 *hlek D1S。陈保亚、何方（2004：174）认为这是两种对应，一种收 -t，一种收 -k。在两种语言之间找不到对应的证据。

其实，韵尾 -k 受元音 i 前化的作用变 -t，是常见的语音现象。例如汉语的"踢"字上古音是入声的 thik，现在阳江话是 thɪk、南昌话是 thit；广州话是 thɛk、梅县话是 thɛt，都读阴入声，是"踢"字无可疑（《汉语方音字汇》78）。再看"铁"字，不仅傣语跟侗水语来自一源，上古音的 *thit 跟原始台语的 *hlek 都是同源字。如果要拟测汉台共同语，"铁"字就是 **hlik，原始台语变为 *hlek，上古音先从 **hlik 变 *thik，再受到元音 -i- 的影响，变为 *thit。张琨（1971）曾经专门讨论过"铁"字，认为原始汉藏语是 *qhleks。

这就是说，原始台语的"铁"字不可能是古汉语的借词。在古汉语中经过 -k 变 -t 的转折，已经看不清楚同源词的痕迹。

1.2.4 非文化性的同源词

一般说来，借词大概有特殊的文化性。例如天干地支，不会是两种语言同时发展出来的相同的系统。但是没有文化性的词汇呢？能不能因为语音接近就说是借词？有些极普通的词汇很相似，我们不禁要怀疑这类词汇为什么要移借？在汉台语之间，难道台语自身不可能有这些词汇吗？

1.2.4.1　人体器官跟器官有关的动作

台语意义	原始台语	汉字	上古音
獠牙、象牙	*ŋa A2	牙	*ŋrag 平
牙齿	*xiau C1	齿	*khrjəg 上
牙龈、上颚	*hŋïak D1L	颚	*ŋak 入
咽喉、颈子	*ɣɔ A2	喉	*gug 平
大腿、腿	*kha A1	尻	*khagw 平
		骹	*khragw 平
小腿、胫部	*ɣɛŋ B2	胫	*ging 去
排尿、尿	*nĭəu B2	尿	*niagw 去
瘸	*gwɛ A2	瘸	*gwjar 平

这些词汇好像都是相当基本的词汇，如果是借词，原始台语难道没有说“牙齿”的词汇吗？难道排尿这种动作都要从汉语移借吗？

原始台语指称大腿、腿部的 *kha A1，无论相当于上古汉语的“尻”字或“骹”字，都相当特别。因为汉语方言中用这两个字的很少见，只见于闽语。“尻”见于“尻川”，指屁股；“骹”字的可能性高一点，因为意义相类似，都指称大腿及腿部。

1.2.4.2　极普通的动词

台语意义	原始台语	汉字	上古音
削皮	*pɔk D1L	剥	*pruk 入
劈	*pha B1	破	*phar 去
卷、捻	*phən A1	攀	*phran 平
被征服	*bai B2	败	*brad 去
遮盖、用草盖	*mwuŋ A2	蒙	*mung 平
说	*wa B2	话	*gwrad 去
变	*plian B1	变	*pljian 去

落	*tok D1S	滴	*tik 入
回答	*tɔp D1L	答	*təp 入
拍手	*top D1S	搭	*təp 入
脱掉	*thɔt D1L	脱	*duat 入
拿	*thï A1/A2	提	*dig 平
涂抹	*da A2	涂	*dag 平
丢弃、扔	*dɔt D2L	夺	*duat 入
压紧	*nɛp D2L	捻	*niəp 入
按摩、摩擦	*nuat D2L	捺	*nuat 入
离开	*lïa A2	离	*ljiar 平
切断	*lit D2S	刿（列）	*ljat 入
使分离、把谷物从茎上剥下来	*rut D2L	捋	*luat<ruat 入
用手指敲	*khek D1S	擊	*khik 入

这一类的动词大约有六十个左右，这里只举了二十个为例。试问，原始台语中连这些动词都要从古汉语借来吗？有些动词如最后的二例“捋、擊”，前者在现代汉语北方方言中还有用例，后者在现代汉语已经不经见，但在意义上却跟原始台语相当接近。“捋”字见于诗经，《诗 · 周南 · 芣苢》“薄言捋之。”毛传：“捋，取其子也。”“擊”字，《说文》：“旁击也”，旁击自然就是“敲”的意思。

这样的动词对当，只有承认是同源词才是顺理成章的事。

1.2.4.3　极普通的形容词

台语意义	原始台语	汉字	上古音
肥胖	*bi A2	肥	*bjəd 平
膨胀	*bɔŋ A2	膨	*brang 平
单一、独	*dɔk D2	独	*duk 入

湿	*dum A2	澹	*dam 平
热	*ʔdïat D1L	热	*njat 入
高	*suŋ A1	嵩	*sung 平
咸	*gem A2	咸	*grəm 平
深色、紫色	*kləm B1	绀	*kəm 去
牢固、坚硬	*khlɛŋ A1	铿	*khring 平
宽阔	*kwaŋ C1	广	*kwang 上
宽阔的	*khwaŋ B1	旷	*khwang 去
满、饱了	*ʔim B1	餍	*ʔjam 去

这些形容词也相当常见，原始台语中似乎不该缺少，而要从古汉语中借用。

1.2.5 异义同源词少有移借的可能

台语意义	原始台语	汉字	上古音
几个、多少	*ki C1	几	*kjəd 上
排尿、尿	*nĭəu B2	尿	*niagw 去
扣、纽扣	*klet D1S	结	*kit 入
刨、刨子	*bau A2	刨	*brəgw 平

有些汉字语音一样,但有两个相关的意思。“排尿”、“尿”,“刨”、“刨子”，跟“扣”、“纽扣”都是名词跟相关动词的关系，原始台语跟古汉语都相同。“几”字有两个用法，“有几个人。”跟“有几个人？”意义不同，前者是“several”，后者是“how many？”，可惜古汉语中我们不知道前者什么时候开始使用。这两种相关的用法台语跟汉语似乎都相同。固然也可以解释为借词，但是作为同源词的可能比较大一点。

1.2.6 声调的分化可能有发生学上的意义

Matisoff（1973：88—89）认为个别语言声调的对比遵循一般语音的规则而演变；声调的演变跟亲属关系根本上是两回事。这个说明诚然不错，但是当大量的同源词显示台语跟汉语声调的对当以及相同的演变时，在方法论上，我们至少可以怀疑它们也可能有发生学上的关系，至少不能把这个可能轻易地剔除。

下面我们用汉语上古音、悉昙轮略图抄（1287）、广州话、原始台语，跟龙州土语的声调作一对比：

汉语上古音	悉昙轮略图抄[①]	广州	原始台语	龙州
平	阴平	阴平	A1	A1
	阳平	阳平	A2	A2
上	阴上	阴上	C1	C1
	阳上	阳上	C2	C2
去	阴去	阴去	B1	B1
	阳去	阳去	B2	B2
入	阴入	上阴入	D1S	D1S
		中阴入	D1L	D1L
	阳入	阳入	D2S	D2S
			D2L	D2L[②]

汉语上古音的演变按声母的清浊把声调分成阴阳两类；原始台语也是按声母的清浊分成两类。除了入声的演变比较复杂外，广州话跟龙州土语都显示极为类似的演变。要说这是汉语跟台语各自

① 关于《悉昙轮略图抄》（1287）的讨论，见丁邦新 1975：14。

② 龙州土语的 D1S 跟 D1L 都是高平调，D2S 跟 D2L 都是低降调，但有长短的不同。（李方桂 1940：16）

演变的结果，当然没有问题。但是面对如此整齐而类似的演变，要说可能两者有亲属关系，也有相当的理由。正如我们不能用共同的语音规则演变，认为汉语上古音跟广州话没有亲属关系。

现在面临了一个新的问题，研究汉藏语的学者大致都认为声调是后起的，有些声调是从韵尾辅音变来的。那么，原始台语跟古汉语的声调如此接近，是不是借词的成分大一点？如何解释呢？我认为原始汉藏语的时代在前，声调刚刚萌芽时，古汉语跟原始台语还没有跟藏缅语分家；而古汉台语分支的时代在后，在声调系统基本上成形之后，古汉语跟原始台语才分道发展。所以两者的系统既接近又不全同，而且同源词的声调系统跟台语本身的系统是一致的。

总之，把大部分同源词解释为借词的人，对于以上的证据，有的无法解释，有的难以解释。所以我认为汉台语之间的关系字固然有借词存在，但就已知推未知，大部分都是同源词。

这里提到的辨认的方法有的是确无可疑，有的是疑信参半，但总的说来，汉台语之间有亲属关系的存在应该是一个定论。

第二章　同源词谱：辅音声母部分

以下把我认定的同源词按照原始台语的声母次序排列，分为英语词汇、台语意义、原始台语、汉字、上古音五栏。每一小节之后说明与资料相关的问题。汉字如果是极普通的字，字义跟原始台语相近，或者引申的意义一目了然，就不再说明；如果不大经见，就注明《说文》或《广韵》的字义。不过，《说文》解释的是文字的本义，有些意义要从实际的用例来看。《广韵》的时间稍晚，但是引用的大体都是前有所承的意义，只在必要时增加其他字书如《尔雅》《玉篇》《广雅》等书的解释，以免枝蔓。

2.1　唇音声母

2.1.1　*p-（丁译本 55—56）

原始台语 *p-：上古汉语 *p-

英语词汇	台语意义	原始台语	汉字	上古音
meadow, wilderness	草地、旷野	*pa B1	坝	*prag 去
hundred	百	*pak D1L	百	*prak 入

to divide into shares	分成	*pən A1	分	*pjən 平
to announce, report	报告	*pau B1	报	*pəgw 去
to be flat, board	木板	*pɛn C1	板	*pran 上
flour, cake	面粉、饼	*pjɛŋ C1	饼	*pjing 上
eight	八	*pjɛt D1L	八	*prit 入
to peel	削皮	*pɔk D1L	剥	*pruk 入

这一节的八个词对当整齐，声母、韵尾、声调都一致。坝字，《说文》未见，《玉篇》："蜀人谓平川为坝"，《广韵》的批注也是一样，可能是方言性的字而《说文》未录。

2.1.2　*ph-（丁译本 57—58）

原始台语 *ph-：上古汉语 *ph-

英语词汇	台语意义	原始台语	汉字	上古音
to split, hew	劈	*pha B1	破	*phar 去
to roll, twist, change	卷、捻	*phən A1	攀	*phran 平
classifier of boards, flat objects	片（量词）	*phjɛn B1	片	*phjan 去
wrong, incorrect	错误	*phit D1S	丿	*phit 入

这一组对当也很整齐。攀字，《说文》："引也。""攀引"跟"卷"的意思接近。片字，《说文》："判木也。"段注：谓一分为二之木片。后来汉语跟原始台语一样，也用为量词。丿字很少见用，《说文》："右戾也。"《广韵》："戾、乖也。"就是乖误的意思。意义应该没有问题。

2.1.3 *b-（丁译本 59—60）

原始台语 *b-：上古汉语 *b-

英语词汇	台语意义	原始台语	汉字	上古音
to carry, take along	携带、带着	*ba A2	扶	*bjag 平
to be conquered, defeated	被征服	*bai B2	败	*brad 去
daughter-in-law, bride	媳妇	*bəi C2	妇	*bjəg 上
to rest, stop	停	*bak D2S	泊	*bak 入
vase, plate	花瓶、盘子	*ban A2	盘	*ban 平
plane, to plane	刨子	*bau A2	刨	*brəgw 平
fat	肥胖	*bi A2	肥	*bjəd 平
to swell up	膨胀	*bɔŋ A2	膨	*brang 平
bunch, bundle	束、捆	*buŋ A2	蓬	*bung 平

这里的对当也没有问题。败字有清浊声母的两读，《广韵》说明，帮母（<*p-）的补迈切是“破他”，並母（*b-）的薄迈切是“自破”。这里台语的“被征服”跟“自破”是一致的。刨字，《说文》未录，《广韵》的解释是“刨刷”。这个字动名两用，《广韵》另有去声一读，“刨刀、治木器也”。蓬字，《说文》“蒿也”的解释是本义，现代方言里普遍有引申为量词的读法，类似于“束、捆”的意思。

2.1.4 *m-（丁译本 64—65）

原始台语 *m-：上古汉语 *m-

英语词汇	台语意义	原始台语	汉字	上古音
horse	马	*ma C2	马	*mrag 上

to cover with a roof, thatch	遮盖、用草盖	*mwuŋ A2	蒙	*mung 平
termite, weevil	白蚁	*mɔt D2L	蠛	*miat 入
cat	猫	*mɛu A2	猫	*mragw 平

《说文》无蠛字，但是蠓字的解释说“蠛蠓也”。《尔雅·释虫》也说“蠓、蠛蠓”。郭璞注认为是一种小飞虫。

2.1.5　*hm-（丁译本 67—68）

原始台语 *hm-：上古汉语 *m-

英语词汇	台语意义	原始台语	汉字	上古音
sorcerer, doctor	男巫、医生	*hmɔ A1	巫	*mjag 平
ink	墨	*hmïk D1S	墨	*mək 入
ten thousand	万	*hmïn B1	万	*mjan 去

这一组词原始台语的声母跟上古音有清浊的不同，我（2005）曾经讨论过这些字，并指出原始台语的 hm-、hn-、hŋ- 相当于汉语上古音的 m-、n-、ŋ-。参见上文 1.2.2.1 节。

2.1.6　*w-（丁译本 73）

原始台语 *w-：上古汉语 *gw-

英语词汇	台语意义	原始台语	汉字	上古音
to say	说	*wa B2	话	*gwrad 去
deep pool, whirlpool	水塘	*wəŋ A2	潢	*gwang 平

这一组的字很少，但对当应无可疑。广州话的“话、潢”就读 wa 阳去、wɔŋ 阳平，有类似的演变。《说文》“潢”字说“积水池”，跟水塘几乎一样。

2.1.7 *ʔhw-（丁译本 74）

原始台语 *ʔhw-：上古汉语 *hw-

英语词汇	台语意义	原始台语	汉字	上古音
to shake, quake	摇动	*hwəi A1	竵（歪）	*hwrig 平

竵字，《说文》：“不正也”，从不正很容易引申为摇动。

2.1.8 *pl-（丁译本 76—77）

（1）原始台语 *pl-：上古汉语 *pl-

英语词汇	台语意义	原始台语	汉字	上古音
to change	变	*plian B1	变	*pljian 去

这个词对当很好，汉语的“变”字跟“峦、鸾、銮”等字有谐声关系，所以声母是 pl- 的复辅音。

（2）原始台语 *pl-：上古汉语 th-

英语词汇	台语意义	原始台语	汉字	上古音
bark, shell	树皮	*plïak D1L	萚	*thak 入

汉语的萚字在上古时是很常见的字，《诗经·郑风》有一首“萚兮”的诗。《说文》：“草木凡皮叶落陊地为萚。”跟台语树皮的意思是接近的。这里对当的声母很不平常，完全由于下一节的启发。

2.1.9　*pr-（丁译本 78）

原始台语 *pr-：上古汉语 *th-/t-

英语词汇	台语意义	原始台语	汉字	上古音
to break	裂开	*prɛk D1L	㩌（坼）	*thrak 入
bamboo strip	竹篾	*pru̯ɔk D1L	竹	*trjəkw 入

这两个词需要特别解释，表面上看来 *pr- 跟 *th- 离得比较远，其实台语本身就有这样的读法。例如（丁译本 p.78）：

台语意义	原始台语	西南方言	中支方言	北支方言
裂开	*prɛk D1L	tɛɛk	pheek	teek

中支的侬语读 phek、土语读 thɛɛk，北支的石家话读 preek。方言中既有 ph-，也有 th-。又如：

竹篾	*pru̯ɔk D1L	tɔɔk	phjook	tuk D1S

中支的侬语读 phĕoc、岱语读 thoc。声母 p-、t- 送气与否并没有太大关系。由于台语方言有这样的演变，才能找到汉语的对当。参见上文 1.2.3.1 节。

《说文》："㩌，裂也。"坼就是㩌字，《战国策》的"天崩地坼"到现在还很常用。

2.1.10　*phl-/r-（丁译本 79）

原始台语 *phl-/r-：上古汉语 *th-

英语词汇	台语意义	原始台语	汉字	上古音
to split open, crack	破开	*phlɛk D1L	㡯	*thrak 入

同样，这个字也是遵循上述 *pr->*th- 的路线才找到的，可惜《说文》未见注录。《广韵》的解释是“㽷开”。

2.1.11 *ml-/r-（丁译本 83）

原始台语 *ml-/r-：上古汉语 *m-

英语词汇	台语意义	原始台语	汉字	上古音
insect	昆虫	*mlɛŋ A2	螟	*ming 平

这里只找到一例，但是李方桂（1976）指出，汉语有一个迭韵词“螟蛉”，来自于 *mling，可能有关。《说文》：“螟，虫食穀心者。”《诗·小雅·小宛》：“螟蛉有子，蜾蠃负之。”《尔雅·释虫》“螟，食苗心者。”这个考证引人入胜，相信是正确的。

2.2 舌尖声母

2.2.1 *t-（丁译本 86—88）

原始台语 *t-：上古汉语 *t-

英语词汇	台语意义	原始台语	汉字	上古音
stool	凳子	*təŋ B1	凳	*təŋ 去
to hammer in	钉进	*tɔk D1L	筑	*trjəkw 入
to fall	落	*tok D1S	滴	*tik 入
to answer	回答	*tɔp D1L	答	*təp 入
to slap, clap	拍手	*top D1S	搭	*təp 入

这一组的筑字，《说文》的解释是“捣也”，跟“钉进”的意思很相近。《说文》：“滴，水注也”，“注”大致就是“落”的意思。搭字，《说文》未见，《广韵》说：“搭，打也，出《音谱》。”《音谱》的作者是李槩（李季节），书已亡佚，但见于《隋书·经籍志》的著录，陆法言的《切韵》序里曾经提到过。这个打字可能就是“打拍子”的意思，那么跟“拍手”就很相近了。

2.2.2　*th-（丁译本 90—91）

（1）原始台语 *th-：上古汉语 *th-

英语词汇	台语意义	原始台语	汉字	上古音
charcoal	炭	*than B1	炭	*than 去
to retreat	退	*thɔi A1/B1	退	*thəd 去

（2）原始台语 *th-/d-：上古汉语 *d-

英语词汇	台语意义	原始台语	汉字	上古音
to take off, remove	脱掉	*thɔt D1L	脱	*duat 入
chopsticks	筷子	*thi̯u B1/B2	箸	*drjag 去
pond	池塘	*thom A1/A2	潭	*dəm 平
bean, pea	豆子	*thue B1/B2	豆	*dug 去
to hold	拿	*thï A1/A2	提	*dig 平
young male（animal）	小的雄兽	*thïk D1S/D2S	特	*dək 入

这里对当的字分为两部分，第一部分是 *th- 对 *th-，对当相当整齐，同源字少但无可疑。第二部分是 *th- 对 *d-，所有读阴调的词在台语的北支方言都读阳调，显示从原始台语 *d- 来的现象，正好汉语的这些词都是浊声母。相信原始台语的 *d- 是早期的现

象，在北支方言保留，跟汉语的上古音完全对当，就像下一节一样。只有“脱掉”的 *thɔt 台语方言没有阳调的读法。

豆字需要特别的解释。因为《说文》的豆字是“古食肉器也”，是一种器皿。可吃的豆子是“尗”，《说文》说“豆也，象尗豆生之形也”。可见在字形上当时器皿的“豆”已因同音的关系假借为豆子的意思，《说文》给尗字所下的定义正显示这种用法，字虽然晚起，读音却很早。《汉书 · 杨恽传》，其中《报孙会宗书》，有拊缶之歌，其诗曰：“田彼南山，芜秽不治。种一顷豆，落而为萁。人生行乐耳，须富贵何时！”杨恽（？—公元前 54 年）为汉宣帝时人，所举“豆萁”之称，可见汉代已经很流行。

《说文》：“特牛，牛父也”。大小徐本有异文，这里是据段注引古书所改。也就是公牛的意思。

2.2.3 *d-（丁译本 92—93）

原始台语 *d-：上古汉语 *d-

英语词汇	台语意义	原始台语	汉字	上古音
wharf, ford	码头	*da B2	渡	*dag 去
to smear, paint	涂抹	*da A2	涂	*dag 平
sack, bag	囊、袋	*da B2	袋	*dəg 去
single, solitary	单一、独	*dɔk D2	独	*duk 入
section	片段	*dɔn B2	段	*duan 去
copper	铜	*dɔŋ A2	铜	*dung 平
to throw away, cast	丢弃、扔	*dɔt D2L	夺	*duat 入
group, crowd	群组	*duai B2	队	*dəd 去
wet	湿	*dum A2	澹	*dam 平

这一组字很整齐，同源应无可疑。“夺”《说文》：“手持隹失之也。”《段注》：“引伸为凡失去物之偁。凡手中遗落物当作此字。”“遗落”跟“丢弃”很接近。另外最后一字需要解释。闽南语的“湿”读阳平的 tam；“澹”字，《广韵》三读，平上去兼收。上声徒敢切，“澹淡、水貌”。去声徒滥切，“水摇动貌”。平声徒甘切，只提复姓的澹台，怀疑也有关于水的意思。《汉语方言词汇》认为厦门“湿”的本字是“澹”，可能是正确的考证。

2.2.4　*ʔd（丁译本 96）

原始台语 *ʔd：上古汉语 *nj-

英语词汇	台语意义	原始台语	汉字	上古音
hot	热	*ʔdïat D1L	热	*njat 入
sunshine	阳光	*ʔdɛt D1L	日	*njit 入（李文）
child	小孩	*ʔdek D1S	弱	*njak 入

这一组只有“弱”字可疑，因为《说文》说“弱，桡也”。桡是一种弯曲的木头。但是《礼记 · 曲礼》“人生十年曰幼，学。二十曰弱，冠。”弱冠指二十岁的青年，那么二十以前的小孩可能也是弱。

2.2.5　*n-（丁译本 98—99）

原始台语 *n-：上古汉语 *n-

英语词汇	台语意义	原始台语	汉字	上古音
lady, woman	姑娘	*naŋ A2	娘	*nrjang 平

to press down, flatten	压紧	*nɛp D2L	捻	*niəp 入
to massage, rub	按摩、摩擦	*nuat D2L	捺	*nuat 入

捻、捺两字都不见于《说文》,《广韵》捻是“指捻”;捺是“手按”。意义都非常接近。

2.2.6 *hn-（丁译本 101）

原始台语 *hn-：上古汉语 *n-

英语词汇	台语意义	原始台语	汉字	上古音
crossbow	弩	*hna C1	弩	*nag 上
pus	脓	*hnɔŋ A1	脓	*nəngw 平
pincers	镊子	*hnɛp D1L	镊	*njiap 入
to tight, tighten	使紧	*hnɛt D1L	捏	*nit 入

这是舌尖鼻音清浊相当的例子，参见上文 2.1.5 节。《说文》：“弩，弓有臂者。《周礼》四弩：夹弩、庾弩、唐弩、大弩。”可见起源甚早。捏字不见于《说文》,《广韵》“捏，捏捺。”《集韵》《韵会》“捺也，搦也”，就是“使紧”的意思。

2.2.7 *l-（丁译本 118—119）

（1）原始台语 *l-：上古汉语 *l-

英语词汇	台语意义	原始台语	汉字	上古音
to leave	离开	*lïa A2	离	*ljiar 平
enclosure, chicken coop	鸡笼	*lau C2	篓	*lug 上

finished	完成	*lɛu C2	了	*liagw 上
to cut off, trim	切断	*lit D2S	㸚（列）	*ljat 入

（2）原始台语 *l-：上古汉语 *r-

英语词汇	台语意义	原始台语	汉字	上古音
pork fat, grease	猪油、脂肪	*lauA2	油	*rəgw <**ləgw 平

（1）是汉语的来母字跟台语的 *l- 对当，现在研究上古音的学者大致都接受来母字是从 *r- 变来的说法。2.2.9 节还有来母字跟台语 *r- 相当的词，显示出比较复杂的关系。（2）是汉语的喻四的字跟台语的 *l- 对当，一并在下文 8.2 节详加讨论。

篓字跟舌根音的"屦"谐声，上古音有可能是复声母来的。但原始台语没有任何复辅音的痕迹。了字见于《说文》，但与完成的意义无关。《广雅・释诂》："了，讫也。"时间上可能略为后起。㸚字《说文》"分解也"。"分解"很容易引申为"切断"。

2.2.8　*hl-（丁译本 122—123）

原始台语 *hl-：上古汉语 *th-

英语词汇	台语意义	原始台语	汉字	上古音
to slip off, come off	脱落	*hluot D1L	脱	*thuat 入
stake, post	桩、柱	*hlək D1S	㯩（柝）	*thak 入

这种对当只找到两个词。《说文》："㯩、判也。"段注说："土裂曰㙐，木判曰㯩。"又说："自专以㯩为击字，而㯩之本义废矣。"可见击㯩就是俗用的击柝，先秦的书籍常见用例，㯩就是木梆子。

2.2.9 *r-（丁译本 126—127）

（1）原始台语 *r-：上古汉语 *l-

英语词汇	台语意义	原始台语	汉字	上古音
to pull, detach or strip off grains from the stalk	使分离、把谷物从茎上剥下来	*rut D2L	捋	*luat<ruat 入
to leak, leaky	泄漏、漏的	*rue B2	漏	*lug<rug 去
ear of corn, paddy	玉米穗、稻穗	*ruïŋ A2	蓈	*lang<rang 平

（2）原始台语 *r-：上古汉语 *r-

英语词汇	台语意义	原始台语	汉字	上古音
we	咱们俩	*ra A2	余	*rag 平
hole	洞	*ru A2	窬	*rjag 平

这一部分分为两组：第一组是汉语的来母字跟台语的 *r- 对当，上古音的学者大致都接受来母字是从 *r- 变来的说法，那么这种对当是整齐的。第二组是以喻四的字对 *r-。如果相信上古音的这个 *r- 是从 *l- 变来的，那就有了困难。再加上上文 2.2.7 节来母字跟原始台语的 *l- 对当，问题就更复杂了。下文再说。

捋字，《说文》："取易也。"《诗·周南·芣苢》："薄言捋之。"毛传："捋，取其子也。" 蓈字不常见，《说文》："禾粟之穗，生而不成者谓之董蓈。" 跟台语的意思是很接近的。窬字，《说文》："穿木户也。"《广韵》："门边小窦。" 就是小的洞穴，跟"洞"字意义几乎一样。

2.3　咝擦音声母

2.3.1　*s-（丁译本 134—136）

原始台语 *s-：上古汉语 *s-

英语词汇	台语意义	原始台语	汉字	上古音
three	三	*sam A1	三	*səm 平
to be scattered	散	*san B1	散	*san 去
four	四	*si B1	四	*sjid 去
spade, hoe	铲子	*siem A1	铦	*sjiam 平
to indicate, tell	表示、告诉	*sɔ B1	诉	*sag 去
to send, conduct	送、处理	*soŋ B1	送	*sung 去
high	高	*suŋ A1	嵩	*sung 平

这一组词相当常见，对当也很整齐。“三”字元音不同的问题留到下文再说。铦字，《说文》“锸属”，正是铲子的意思。嵩字，《说文》未录，但《说文》有崇字：“山大而高也。”段注认为：“崧嵩二形，皆即崇之异体。”《尔雅·释诂》：“嵩，高也。”可补《说文》之不足。

2.3.2　*z-（丁译本 141—142）

原始台语 *z-：上古汉语 *dz-

英语词汇	台语意义	原始台语	汉字	上古音
loosely woven basket	松松的笼子	*zoŋ A2	篆	*dzung 平
day before yesterday	前天	*zïn A2	前	*dzian 平
to beat, knock	打、敲	*zəu B2	槽	*dzəgw 去

这一组的三个词不大能肯定，因为有两个字不见于《说文》。簾字《广韵》:“笼簾，取鱼器。”捉鱼的笼子总是松松的。㩳字《广韵》:“手搅也。”“搅动”跟“打”意义是很相近的。

2.3.3 *č-（丁译本 143—144）

（1）原始台语 *č-：上古汉语 *ts-

英语词汇	台语意义	原始台语	汉字	上古音
plate, cup	碟子、杯子	*čan C1	盏、琖	*tsrian 上
to dip into	浸泡	*čum B1	浸	*tsjəm 去
to dip into	浸泡	*čum C1	浸	*tsjəm 上
sparrow	麻雀	*čɔk D1L	雀	*tsjakw 入

（2）原始台语 *č-：上古汉语 *tsh-

英语词汇	台语意义	原始台语	汉字	上古音
seven	七	*čet/čhet D1S	七	*tshjit 入

这里上古音“浸”字的上去两读正好跟原始台语相当，我（2005）曾经指出上声一读的字形经校勘才证实是“浸”字。七字的声母上古音读送气，跟原始台语不一样。但是台语西南方言阿函，中支方言侬语、岱语，跟北支方言册亨“七”字都读送气（丁译本：145），可能原始台语就是送气音，或者有两读。

2.3.4 čh-（丁译本 146）

原始台语 *čh-：上古汉语 *tsh-

英语词汇	台语意义	原始台语	汉字	上古音
granary	谷仓	*čhaŋ A1	仓	*tshang 平

虽然只有一个字，但跟上一节联合起来看，就很一致。

2.3.5　*ǰ-（丁译本 147）

（1）原始台语 *ǰ-：上古汉语 *dz-

英语词汇	台语意义	原始台语	汉字	上古音
artisan, skillful	匠人	*ǰaŋ B2	匠	*dzjang 去

（2）原始台语 *ǰ-：上古汉语 *dr-

tea	茶	*ǰa A2	茶	*drag 平

这一组词对当零散，每类都只找到一个例子。但是由于韵母、声调对当整齐，意义相同，可能还是同源字。当然，解释成借词亦无不可。

2.3.6　*ň-（丁译本 151—152）

原始台语 *ň-：上古汉语 *nj-

英语词汇	台语意义	原始台语	汉字	上古音
still, yet	仍旧	*ňəŋ A2	仍	*njəng 平
two	二	*ňi B2	二	*njid 去
to dye	染色	*ňom C2	染	*njiam 上
to urinate, urine	排尿、尿	*ňiəu B2	尿	*niagw 去
soft inside of some fruit	瓤	*ňueŋ A2	瓤	*njang 平

这一组对当相当整齐，有些元音的对应需要进一步解释，见下文。《说文》:“仍，因也。”《论语·先进》“仍旧贯，如之何？”

2.4 舌根声母

2.4.1 *k-（丁译本 162—164）

原始台语 *k-：上古汉语 *k-

英语词汇	台语意义	原始台语	汉字	上古音
stem, stalk, petiole	干、茎、叶柄	*kan C1	秆	*kan 上
to join together with	连接、羼合	*kəp D1S	合	*kəp 入（*gəp 入）
nine	九	*kəu C1	九	*kjəgw 上
to untie	解开	*kɛ C1	解	*krig 上
soup, broth	汤、肉汤	*kɛŋ A1	羹	*krang 平
to pick up, collect	拾起	*ki̯ep D1S	夹	*kriap 入
several, how many	几个、多少	*ki C1	几	*kjəd 上
to wind around, twist	缠绕、扭	*kiau C1	绞	*kragw 上
bow, to card cotton with a bow	弓	*koŋ A1	弓	*kjəngw 平
to raise, lift	举起	*ku C1	举	*kjag 上
saw（tool）	锯子	*kï B1	锯	*kjag 去
kind of edible fern	一种羊齿植物	*kuət D1L	蕨	*kwjat 入
glue	胶	*kau A1	胶	*krəgw 平

这一组的词相当多，秆字，《说文》“禾茎也”，跟台语的“茎”一样。合字，《说文》“三合也”，说的是原形本义；《广韵》:“合集”，跟“连接、羼合”的意思接近。蕨是一种可吃的野菜，正是羊齿类

植物。胶字，《说文》："昵也，作之以皮。""昵"是黏的意思，古人用兽皮作胶。

2.4.2 *kh-（丁译本 168—169）

原始台语 *kh-：上古汉语 *kh-

英语词汇	台语意义	原始台语	汉字	上古音
thigh, leg	大腿、腿	*kha A1	尻 / 骹	*khagw 平 / *khragw 平
to dry or heat by fire	用火烤干或烘热	*khaŋ B1	炕	*khang 去
to hit with a finger	用手指敲	*khek D1S	擊	*khik 入
to coil, coiled up, a coil	盘绕（弯曲）	*khu̯ot D1S	屈	*khwjət 入

尻字，《说文》："脽也。"段注说，脽就是现在所说的"屁股"，屁股跟大腿相连，意义应该可以相通。另一个可能的字是"骹"字，《说文》："胫也。"现在闽南语还用这个字指腿部。炕字，《说文》："干也。从火亢声。"段注："谓以火干之也"。就是用火烤干的意思。擊字《说文》"旁击也"，旁击应该跟"敲"一样。

2.4.3 *g-（丁译本 172—173）

（1）原始台语 *g-：上古汉语 *g-

英语词汇	台语意义	原始台语	汉字	上古音
salty	咸	*gem A2	咸	*grəm 平
tongs, pincers	火钳	*giəm A2	钳	*gjam 平

（2）原始台语 *g-：上古汉语 *k-

英语词汇	台语意义	原始台语	汉字	上古音
to trade	贩卖	*ga C2	贾	*kag 上
price	价	*ga B2	价	*krag 去
cangue	枷	*ga A2	枷	*krag 平
to get caught, stuck	绊住、卡住	*ga A2	迦	*krag 平

这一部分也分两组：第一组是汉语上古音的 *g- 跟原始台语的 *g- 对当，例子比较少。第二组是汉语的 *k- 跟台语的 *g- 对当。对当都很整齐，同源相当可信。

如果想象原来有一个汉台共同语，可能这些字跟汉语一样，有 *k-、*g- 两个来源，这些读 *k- 的字在某种条件下都变成 *g- 了，可惜现在无法推断是什么条件。或者本来就有 *k-、*g- 两读，汉语、台语分别保留了一种读法。注意：《说文》"贾，市也"，"价，物直也"。做买卖（动词）跟价钱（名词）还有构词上的关系。

枷字，《说文》"棉也"，是一种打谷子的木器。《广韵》："枷锁；又连枷，打谷具。" 枷锁之意想是后起，但不知晚到何时。迦字，《说文》："迦牙，令不得行也。" 让人不得行，自然就绊住了。

2.4.4 *ŋ-（丁译本 176—177）

原始台语 *ŋ-：上古汉语 *ŋ-

英语词汇	台语意义	原始台语	汉字	上古音
tusk, ivory	獠牙、象牙	*ŋa A2	牙	*ŋrag 平
lotus root	藕	*ŋəu C2	藕	*ŋug 去
to bud forth, a sprout	发芽、芽	*ŋɔk D2L	萼	*ŋak 入

mythological sea monster, dragon	水怪、龙	*ŋïek D2L	蝷（鳄）	*ŋak 入
silver	银	*ŋïn A2	银	*ŋjiən 平

蝷字，《说文》："似蜥易，长一丈，水潜，吞人即浮，出日南。"这样的描述根本就是水怪，或者传说中的龙。跟原始台语的意义几乎全同。

2.4.5　*hŋ-（丁译本 179）

原始台语 *hŋ-：上古汉语 *ŋ-

英语词汇	台语意义	原始台语	汉字	上古音
gum（tooth）palate	牙龈、上颚	*hŋïak D1L	颚	*ŋak 入
five	五	*hŋa C1	五	*ŋag 上
goose	鹅	*hŋan B1	雁	*ŋran 去

这是舌根鼻音清浊相当的例子，参见上文 2.1.5 节。李方桂（丁译本 2011:215）讨论"五、雁"二字时指出："这个辅音最终的来源可能是一个舌根或小舌的清鼻音。"因为水话"五、雁"两字读 ŋo C2、ŋan B2。我怀疑水话的读法是后期的借词。

2.4.6　*x-（丁译本 180—181）

（1）原始台语 *x-：上古汉语 *k-

英语词汇	台语意义	原始台语	汉字	上古音
to give a daughter in marriage	嫁	*xa B1	嫁	*krag 去

steel	钢	*xaŋ A1	钢	*kang 平
ginger	姜	*xiŋ A1	姜	*kjang 平
sickle, hook	镰刀、钩子	*xɔ A1	钩	*kug 平
to scrape, grate	刮、磨碎	*xut D1L	刮	*kwrat 入

（2）原始台语 *x-：上古汉语 *kh-

英语词汇	台语意义	原始台语	汉字	上古音
to open	打开	*xəi A1	开	*khəd 平
guest, stranger	客人	*xɛk D1L	客	*khrak 入
tooth	牙齿	*xiau C1	齿	*khrjəg 上

（3）原始台语 *x-：上古汉语 *gw-

英语词汇	台语意义	原始台语	汉字	上古音
to dig, hollow out	挖、挖空	*xut D1L/D2S	掘	*gwjiət 入

这一部分有三组：第一组是汉语上古音的 *k- 跟原始台语的 *x- 对当；第二组是汉语的 *kh- 跟台语的 *x- 对当；第三组是汉语的 *gw- 跟台语的 *x- 对当，只有一例。对当都很整齐，大概原始台语的 *x- 是后来的演变。正如现在梅县客家话的“客”说成“xak 人”。

钢字，在现代台语方言中有两读，一读是 kh-/x-，李方桂（丁译本 182）认为是从原始台语 *x- 来的；另一读为 k-，是最近的汉语借字。他说：“西南方言见寮语 khaaŋ、掸语 khaŋ、整董 xaŋ、白泰 xaŋ；中支方言龙州的读法是晚近的汉语借词，参见汉语‘钢’，见侬语 khang、岱语 khang；北支见武鸣 haŋ、kaŋ（汉语借词）、册亨 hang、西林 haaŋ、田州 haaŋ 等等。”钢字，《说文》未见，镂字，《说文》：“刚铁可以刻镂。”刚铁对柔铁而言，刚并不是钢字。

钢字先秦古籍中也没有找到，也许是后起字。

挖字的原始台语在西南方言是读 D 的阴调，但在中支跟北支是阳调。李书的批注说（丁译本：183）：“龙州、剥隘、册亨以及整董的一个读法显示原始台语的 *ɣ- 或 *g-。”

2.4.7　*ɣ-（丁译本 185—186）

原始台语 *ɣ-：上古汉语 *g-

英语词汇	台语意义	原始台语	汉字	上古音
thatch, grass	茅草	*ɣa A2	葭	*grag 平
lower leg, shin	小腿、胫部	*ɣɛŋ B2	胫	*ging 去
throat, neck	咽喉、颈子	*ɣɔ A2	喉	*gug 平

这一组的对当牵涉到中古的匣母字在上古音是 *g-、*ɣ- 的问题，参见丁邦新（1999）的讨论。如果假定原来是 *g-，后来变为原始台语的 *ɣ-，就跟汉语的匣母字的演变一样。

葭字，《说文》：“苇之未秀者。”而苇字是“大葭也”，极有可能用来指称茅草。

2.5　舌根复辅音

2.5.1　*kl-（丁译本 190—191）

原始台语 *kl-：上古汉语 *k-

英语词汇	台语意义	原始台语	汉字	上古音
dark（red）color, purple	深色、紫色	*kləm B1	绀	*kəm 去
fish scales	鱼鳞	*klet D1S	劕	*kit 入
button,to button	纽扣、扣	*klet D1S	结	*kit 入
to wind around, to twist strings	缠绕	*kliəu A1	交	*kragw 平
rafter, latch of a door	椽、门闩	*klɔn A1	关	*kwran 平
salt	盐	*klïo A1	盬	*kag 平
to tell	告诉	*klau B1	告	*kəgw 去

承认上古音有复声母的人都相信有 *kl-、*khl- 等复辅音，但是跟原始台语相当的却是上古音单纯的 *k-、*kh-（参下一节）。我们很容易假定汉台共同语 *kl-、*khl- 的流音丢失了。

绀字，《说文》:“帛深青而扬赤色也。”大概跟台语的紫色相近。劕字，《说文》:“楚人谓治鱼也。”治鱼当然要去鳞，很容易引申。关字，《说文》:“以木横持门户也。”正是门闩的意思。盬字，《说文》:“河东盐池。”

2.5.2 *khl-（丁译本 195）

原始台语 *khl-：上古汉语 *khr-

英语词汇	台语意义	原始台语	汉字	上古音
to imprison	囚	*khləŋ A1	殸	*khring 平
solid, hard	牢固、坚硬	*khlɛŋ A1	铿	*khring 平

殸字，《广韵》“敌也”，“敌”跟“囚”很容易相通。铿字，《广韵》:“铿锵，金石声也。”敲在金石上的声音引申为“牢固、坚硬”的意思，应该可以说得通。可惜《说文》未录。

2.5.3　*gr-（丁译本 199）

原始台语 *gr-：上古汉语 *l-/*gl-

英语词汇	台语意义	原始台语	汉字	上古音
lazy	懒惰	*gran C2	嬾（懒）	*lan<*ran 上
indigo	蓝靛	*gram A2	蓝	*glam 平
to put over, coverup	掩蔽、堵塞	*grɔm B2	敛	*gljiam 去

这一组虽然字少，但有特别的意义。因为汉语的“蓝、敛”两字分别跟见母字“监、检”谐声，显示复声母的来源，原来可能是*glam 平<*gram, *gljiam 去<*grjiam, 正好跟原始台语配合。“懒”字虽然没有跟舌根音谐声的例子，也许早期也是 *glan<*gran。敛字，《说文》“收也”，跟掩蔽的意思接近。

2.5.4　*xr-（丁译本 201）

原始台语 *xr-：上古汉语 *l-

英语词汇	台语意义	原始台语	汉字	上古音
six	六	*xrɔk D1S	六	*ljəkw<*rjəkw 入
net, cast net	渔网	*xrɛ A1	罗	*lar<*rar 平
cast net	鱼篓	*xrïŋ A1	笼	*ljung<*rjung 平
pimples, kind of skin disease	麻疹	*xrat D1S	癞	*lat<*rat 入
large building, hall	大房子	*xrɔ A1	楼	*lug<*rug 平

这一组跟上一节有关，相信“六”跟“坴、逵”、“楼”跟“屦”分别有谐声关系，那就可能是复辅音。我（2005）曾经专门讨论过“五、六”两字，认为“六”字古汉藏语就是 *grjəkw。“癞”

字看不到跟舌根音的关系。

2.6 圆唇舌根音

2.6.1 *kw-（丁译本 204）

原始台语 *kw-：上古汉语 *kw-

英语词汇	台语意义	原始台语	汉字	上古音
more than, to pass by	多过、经过	*kwa B1	过	*kwar 去
wide	宽阔	*kwaŋ C1	广	*kwang 上

这里只有两个词，但是对当整齐，相当可信。过字，《广韵》有两读，平声古禾切是“经也”，去声古卧切是“误也，越也”。《论语·先进》“过犹不及”，正是超过的意思。

2.6.2 *khw-（丁译本 205）

原始台语 *khw-：上古汉语 *khw-

英语词汇	台语意义	原始台语	汉字	上古音
vast, broad	宽阔的	*khwaŋ B1	旷	*khwang 去

台语西南方言读 A1 调，但中支跟北支都读 B1。上古音的去声正好跟 B1 相当。

2.6.3　*gw-（丁译本 206）

原始台语 *gw-：上古汉语 *gw-

英语词汇	台语意义	原始台语	汉字	上古音
to turn, whirl around	旋转	*gwaŋ C2	晃	*gwang/ɣwang 上
lame	瘸	*gwɛ A2	瘸	*gwjar 平

晃字，《说文》："明也。"段注："晃者，动之明也，凡光必动。""晃动"就有旋转的意思。瘸字不见于《说文》，《广韵》："脚手病也。"上古拟音是按照戈韵合口群母三等推测出来的。

2.6.4　*ŋw-（丁译本 207）

原始台语 *ŋw-：上古汉语 *ngw-

英语词汇	台语意义	原始台语	汉字	上古音
ox, cow	公牛、母牛	*ŋwue A2	牛	*ngwjəg 平

这一节虽然只找到一个字，对当应无问题。

2.6.5　*xw-（丁译本 208）

原始台语 *xw-：上古汉语 *khw-

英语词汇	台语意义	原始台语	汉字	上古音
trousers	裤子	*xwa B1	绔	*khwag 去

这一节的对当也只找到一个字。绔字，《说文》"胫衣也"，胫

衣就是裤子。

2.7 喉音

2.7.1 *ʔ-（丁译本 210—211）

原始台语 *ʔ-：上古汉语 *ʔ-

英语词汇	台语意义	原始台语	汉字	上古音
saddle	马鞍	*ʔan A1	鞍	*ʔan 平
yoke	轭	*ʔɛk D1L	轭	*ʔrik 入
swallow（bird）	燕子	*ʔɛn B1	燕	*ʔian 去
one	一	*ʔi̯et D1S	一	*ʔjit 入
to twist, break by twisting	扭、扭断	*ʔi̯au C1	拗	*ʔragw 上
full, satiated	满、饱了	*ʔim B1	餍	*ʔjam 去
madicine	药	*ʔjaA1	医	*ʔjəg 平
to shut , cover up	关、掩蔽	*ʔu̯op D1L	闸	*ʔrap 入
crow	乌鸦	*ka/ʔa A1	乌	*ʔag 平

这几个字对当整齐，意思都接近。闸字，《说文》："开闭门也。"从名词转为动词，应无困难。乌鸦在台语的西南支及中支读 ka A1，但在北支方言规则性地读 ʔa，上古音跟北支方言对当。

2.7.2 *h-（丁译本 216）

原始台语 *h-：上古汉语 *h-

英语词汇	台语意义	原始台语	汉字	上古音
fragrant	香气	*hɔmA1	歆	*hjam 平

汉语这个字各方言都未见用，但闽南语有辛味说阴平的 hiam，可能就是这个字。《说文》:“神食气也。”一定是一种香气。

2.8　小结

以上的同源词谱是按原始台语的声母排列的，现在把声母的对当按汉语上古音的次序集中对比，作一个撮要。分两个部分，第一部分是必较整齐一致的：

汉语上古音	原始台语
p-、ph-、b-、m-、pl-	p-、ph-、b-、m-、pl-
t-、th-、d-、n-、l-、r-	t-、th-、d-、n-、l-、r-
ts-、tsh-、dz-、nj-	č-、čh-、ǰ-、ň-
k-、kh-、g-、ng-	k-、kh-、g-、ŋ-
kw-、khw-、gw-、ngw-	kw-、khw-、gw-、ŋw-
ʔ-、h-	ʔ-、h-
m-、n-、ŋ-	hm-、hn-、hŋ-

第二部分是比较零散的：

汉语上古音	原始台语
m-	ml-/r-
t-	pr-
th-	pl-、pr-、phl-/r-、hl-
dr-	ǰ-
ʔd-	nj-

l-	r-、xr-
l-/gl-	gr-
dz-	z-
dz-	ǰ-
k-	g-、x-、kl-
kh-	x-
khr-	khl-
khw-	w-
g-	ɣ-
gw-	x-
gw-	w-
hw-	ʔhw-

以上声母对当的意义有两点：（1）两者整齐一致的对当几乎完全相同，可以证明两个语言有密切关系。如果认为是亲属关系，那么这些声母就是汉台共同语的声母。（2）比较零散的对当显示有些声母原始台语的时代较早，例如：跟 pl-、pr-、phl-/r-、hl- 等对当的上古音 th-，不大可能是从 th- 分化成四个不同的声母，只可能从几个复声母分别变成 th-。

第三章　同源词谱：元音部分

上面的同源词谱是按声母的次序排列的，现在来检讨元音。汉语上古音的元音比较简单，只有 4 个单元音：i、u、ə、a，3 个复合元音：iə、ia、ua。原始台语就麻烦多了，共有 9 个元音：

i　ï　u

e　ə　o

ɛ　a　ɔ

以下以原始台语元音为序来说明对当的情形，为了节省篇幅，每种对当只举数例，其余例证见上文同源词谱。

总的来说，跟声母比起来，元音的对当复杂得多。以下就其大者而言，少数零碎的例子就不加讨论。有的因为原始台语本来难以肯定，当然谈对当就更困难了。如果有汉台共同语，至少有几千年以上的历史，每个词又可能有它特殊的演变，不知经过多少阶段才变为原始台语跟上古音的读法。元音不大相同，毋宁是自然的事，但是基本的趋势还是看得出来。讨论元音演变时大致举汉语上古音到现代方言的读法为证，但送气符号一致用 h，并注明北京大学中国语言文学系（2003）《汉语方音字汇》的页码（以下简称《字汇》）。

3.1 原始台语 *i：上古音 *i、*jə、*ja

台语意义	原始台语	汉字	上古音
四	*si B1	四	*sjid 去
二	*ňi B2	二	*njid 去
错误	*phit D1S	丿	*phit 入
肥胖	*bi A2	肥	*bjəd 平
几个、多少	*ki C1	几	*kjəd 上
姜	*xiŋ A1	姜	*kjang 平
满、饱了	*ʔim B1	餍	*ʔjam 去

原始台语的 *i 基本上跟上古音的 *i 对当，也跟 *jə/*ja 对当。如果设想介音 -j- 使得后面的元音提高为 i，那是可能的解释。就像上古音平声的“金”字 *kjəm 变为厦门阴平的 kim（《字汇》288）；去声的“厌”字 *ʔjam 变为广州话阴去的 jim（《字汇》262）。

3.2 原始台语 *ï：上古音 *ə、*ja

台语意义	原始台语	汉字	上古音
墨	*hmïk D1S	墨	*mək 入
万	*hmïn B1	万	*mjan 去
锯子	*kï B1	锯	*kjag 去
筷子	*thïu̯ B1/B2	箸	*drjag 去

原始台语 *ï 跟上古音 *ə 相当的例子只找到一个，但同源却是毫无可疑（见丁邦新 2008）。比较多的例子是原始台语 *ï 跟上古

音 *ja，ja 如果变为央元音的 ï 在汉语也有例子。例如：上古音去声的“锯”字 *kjag 变为潮州话阴去的 kɯ（《字汇》134）。

3.3　原始台语 *u：上古音 *u、jə

台语意义	原始台语	汉字	上古音
束、捆	*buŋ A2	蓬	*bung 平
遮盖、用草盖	*mwuŋ A2	蒙	*mung 平
高	*suŋ A1	嵩	*sung 平
浸泡	*čum B1	浸	*tsjəm 去
浸泡	*čum C1	浸	*tsjəm 上
挖、挖空	*xut D1L/D2S	掘	*gwjiət 入

原始台语 *u 跟上古音 *u 的对当是正例，跟 jə 的对当也不少。jə 变为 u，例如上古音平声的“斤”字 *kjən 变为厦门阴平的 kun（《字汇》289）。

3.4　原始台语 *e：上古音 *i；原始台语 *i̯e/ie：上古音 *ia

台语意义	原始台语	汉字	上古音
用手指敲	*khek D1S	擊	*khik 入
鱼鳞	*klet D1S	劕	*kit 入
扣、纽扣	*klet D1S	结	*kit 入
拾起	*ki̯ep D1S	夹	*kriap 入
铲子	*siem A1	铦	*sjiam 平

原始台语 *e 对当上古音的 *i，只是舌位提高或降低的现象，非常普通。例如上古音入声的“结”字双峰的湘语文读为阳平的 ke（《字汇》46）。至于原始台语的 *ie 跟上古音的 *ia 也只是舌位的问题。上古音入声的“夹”字 *kriap 扬州的文读为阴入的 tɕiæʔ（《字汇》10）。e 的舌位只比 æ 略高。

3.5 原始台语 *ə：上古音 *ə；原始台语 *iə：上古音 ia、ra

台语意义	原始台语	汉字	上古音
凳子	*təŋ B1	凳	*təŋ 去
连接、羼合	*kəp D1S	合	*kəp 入
打开	*xəi A1	开	*khəd 平
九	*kəu C1	九	*kjəgw 上
排尿、尿	*ňiəu B2	尿	*niagw 去
缠绕	*kliəu A1	交	*kragw 平

原始台语 *ə 跟上古音 *ə 的对当是正例，iə 跟 ia、ra 的对当也不奇怪。例如上古音去声的“跳”字 *thiagw 潮州话读为阴去的 thiəu（《字汇》195）；上声的“绞”字 *kragw 福州话文读为阴上的 kieu（《字汇》197），kieu 跟 kiəu 就很相近了。

3.6 原始台语 *o：上古音 *ə；原始台语 *u̯o：上古音 *wjə

台语意义	原始台语	汉字	上古音
拍手	*top D1S	搭	*təp 入

池塘	*thom A1/A2	潭	*dəm 平
弓	*koŋ A1	弓	*kjəngw 平
盘绕（弯曲）	*khuot D1S	屈	*khwjət 入

原始台语 *o 跟上古音的 *ə 对当，上古音平声的“弓”字 *kjəngw 武汉话就读阴平的 koŋ（《字汇》370）。

3.7　原始台语 *ɛ：上古音 *ra、*ri、*ia/iə

台语意义	原始台语	汉字	上古音
木板	*pɛn C1	板	*pran 上
猫	*mɛu A2	猫	*mragw 平
汤、肉汤	*kɛŋ A1	羹	*krang 平
客人	*xɛk D1L	客	*khrak 入
解开	*kɛ C1	解	*krig 上
八	*pjɛt D1L	八	*prit 入
轭	*ʔɛk D1L	轭	*ʔrik 入
燕子	*ʔɛn B1	燕	*ʔian 去
镊子	*hnɛp D1L	镊	*njiap 入
压紧	*nɛp D2L	捻	*niəp 入

原始台语 *ɛ 跟上古音 *ra、*ri、*ia/iə 对当，换句话说，对当的都是中古二等字跟四等字，可见二等介音 -r- 有使得 a、i 变成 ɛ 的作用。a 是向前移动，i 是向下。这跟 -r- 在中古音的央化作用有点类似。再来看实际的例证：上古音入声的“客”字 *khrak 南昌

文读读阴入的 khiɛt（《字汇》25）；入声的“八”字 *prit 扬州话读阴入的 pæʔ（《字汇》1），æ 跟 ɛ 很接近。

介音 -i- 也使得 a、ə 变成 ɛ，例如上古音去声的“燕”字 *ʔian 武汉和成都都读阴去的 iɛn（《字汇》262）。入声的“笛”字 *diəkw 广州就读阳入的 tɛk（《字汇》77）。

3.8 原始台语 *a：上古音 *a；对 *ə 的有一例，很难说定

台语意义	原始台语	汉字	上古音
停	*bak D2S	泊	*bak 入
炭	*than B1	炭	*than 去
用火烤干	*khaŋ B1	炕	*khang 去
宽阔	*kwaŋ C1	广	*kwang 上
三	*sam A1	三	*səm 平

原始台语 *a 对上古音 *a，有很多的例子，都很整齐。

“三”字情形特别。暹罗话的 a 元音有长短的对比，长的 -aa 在三支主要方言中都一样，来自原始台语的 *-a；短的 -a 三支主要方言也都一样，来自原始台语的 *-ə（丁译本 238）。“三”字大部分台语方言是 saam A1，但在西南方言的掸语、整董，中支方言的侬语、岱语，北支方言的册亨 -aa 都读短的 -a（丁译本 137）。换句话说，“三”字的原始台语也有可能原来就读 *səm，跟汉语的上古音一样。

3.9 原始台语 *ɔ：上古音 *u、*ə、*ra、*ia/ja、*ua

台语意义	原始台语	汉字	上古音
咽喉、颈子	*ɣɔ A2	喉	*gug 平
单一、独	*dɔk D2	独	*duk 入
铜	*dɔŋ A2	铜	*dung 平
镰刀、钩子	*xɔ A1	钩	*kug 平
回答	*tɔp D1L	答	*təp 入
脓	*hnɔŋ A1	脓	*nəngw 平
钉进	*tɔk D1L	筑	*trjəkw 入
膨胀	*bɔŋ A2	膨	*brang 平
橡、门闩	*klɔn D1S	关	*kwran 平
白蚁	*mɔt	蠛	*miat 入
染色	*ňɔm C2	染	*njiam 上
男巫、医生	*hmɔ A1	巫	*mjag 平
雀	*čɔk D1L	雀	*tsjakw 入
脱掉	*thɔt D1L	脱	*thuat 入
丢弃、扔	*dɔt D2L	夺	*duat 入
片段	*dɔn B2	段	*duan 去

原始台语 *ɔ 对当上古音的 *u、*ə、*ra、*ia/ja、*ua，例子都相当多，看起来都是从上古音到原始台语自然的演变。例如上古音去声的“铜”字 *dung 厦门文读是阳平的 tɔŋ（《字汇》361）；平声的“脓”字 *nəngw 厦门文读是阳平的 lɔŋ（《字汇》362）；平声的“膨”字 *brang 扬州话读阳平的 phoŋ（《字汇》332），o、ɔ

接近；入声的“雀”字 *tsjakw 梅县读阴入的 tsiɔk（《字汇》54）；入声的“脱”字 *thuat 梅县读阴入的 thɔt（《字汇》33）。

3.10 小结

以上讨论原始台语跟上古音元音的对当，举了许多汉语上古音如何演变为现代方言的例子。虽然没有明说，似乎暗示上古音略同于汉台共同语，音变就是上古音变为原始台语的缩影。在这个阶段，我无意根据少数字例拟测汉台共同语的系统。但比较原始台语跟上古音，确实觉得上古音的元音系统似乎更为古老。

第一，原始台语的 *i、ï、ɔ 都有对当上古音 *ja 的例子，我们不能认为三个元音都分裂为 ja，却很容易推想 ja 在不同的条件下变为不同的元音，尽管目前还无法猜测条件的内容。

第二， 原始台语的 *ɛ 对当上古音 *ra、*ri，我们可以推想 -r- 产生把两极的元音向当中拉的作用；却不容易想象 ɛ 在何种条件下变为 ra、ri。

第三，最重要的，是上古音有阴声韵尾：-r、-d、-g，我相信这些韵尾是存在的。那么，说阴声韵尾产生变化容易，说他们无中生有从原始台语变出来几乎不可能。下一节就要仔细地来检讨一下这些阴声韵尾的对当情形。

第四，总结起来，元音的对当可以归纳为下表：

1. 原始汉台语 **i　＞原始台语 *i

　　　　　　　　＞原始台语 *e/kl-、kh-____

	> 原始台语 *ɛ /r____
原始汉台语 **i	> 汉语上古音 *i
2. 原始汉台语 **ï	> 原始台语 *ï
原始汉台语 **ï	> 汉语上古音 *ə
3. 原始汉台语 **u	> 原始台语 *u
	> 原始台语 *ɔ /舌根韵尾之前
原始汉台语 **u	> 汉语上古音 *u
4. 原始汉台语 **ə	> 原始台语 *ə
	> 原始台语 *o / 圆唇舌根声母之后；或唇音及圆唇舌根韵尾之前
	> 原始台语 *ɛ /i____
	> 原始台语 *ɔ /唇音及圆唇舌根韵尾之前
原始汉台语 **ə	> 汉语上古音 *ə
5. 原始汉台语 **a	> 原始台语 *a
	> 原始台语 *ɛ / 唇音及舌根声母 +r 之后____
	> 原始台语 *ɔ /唇音及舌根声母 +r 之后____
	> 原始台语 >*ɔ /j、i____
	> 原始台语 >*ɔ /u____
原始汉台语 **a	> 汉语上古音 *a

这里有些规则彼此矛盾，例如原始汉台语的 **ə 在唇音及圆唇舌根韵尾之前，既变原始台语的 *o ，又变原始台语的 *ɔ。原始汉台语的 **a 在唇音及舌根声母 +r 之后，既变原始台语的 *ɛ，又变原始台语的 *ɔ。这种现象显示元音的演变有奇怪的问题，如果我们能够把原始台语的 *ɔ 另加解释，那 *o、*ɛ 的来源就不成问题。

正好李方桂先生解释这个元音的时候说："这个元音可以拟测为原始台语的 *u̯，在暹罗语及龙州非重音的 u̯ 失落了。" 换句话说，

原始台语 *ɔ 的来源可能是 *u̯ɔ，那么原始汉台语 **ə 变原始台语的 *ɔ 在 u̯ 后及唇音、圆唇舌根韵尾之前；原始汉台语的 **a 变原始台语的 *ɔ 在 u̯ 后及唇音、舌根声母加 r 之后。多了一个限制条件之后，矛盾就解决了。

原始汉台语 **ə　> 原始台语 *o /____唇音及圆唇舌根韵尾之前
　　　　　　　　> 原始台语 *ɔ/u̯____唇音及圆唇舌根韵尾之前
原始汉台语 **a　> 原始台语 *ɛ / 唇音及舌根声母 +r 之后
　　　　　　　　> 原始台语 * /唇音及舌根声母 +r+u̯ 之后

简单说来，原始汉台语的 **i、**ï、**u、**ə、**a 五个元音变成原始台语的九个元音，*e、*ɛ、*o、*ɔ 等四个元音都是后起的。

早年我(丁 1994)从韵部结构讨论汉语上古音元音问题的时候，就曾指出在李先生上古音的 i、u、ə、a 之外有第五个元音 ï 的可能，现在正好证明这个可能是存在的。

第四章　同源词谱：声调及韵尾部分

剩下的问题只有声调及韵尾的对当，以下分别讨论。

4.1　声调

声调的情形最为单纯，原始台语的 A、B、C、D 四调跟上古音的平、去、上、入完全对当。上面所有的例子有百分之九十九合规则，无庸举例。

4.2　阳声韵尾

原始台语有三个阳声韵尾，上古音有四个。它们的关系如下：

原始台语		上古音
-m	:	-m
-n	:	-n
-ŋ	:	-ng、-ngw

基本上都不需要举例，上面同源字谱中有许多例证。这里只

举 -ŋ 对当 -ngw 的例子：

台语意义	原始台语	汉字	上古音
脓	*hnɔŋ A1	脓	*nəngw 平
弓	*koŋ A1	弓	*kjəngw 平

上文提到原始台语的声母 *hn 跟上古音的 *n 对当（2.2.6 节）。原始汉台语的 **ə 在 u̯ 之后及圆唇舌根韵尾之前变原始台语的 *ɔ，这个 u̯ 是一种拟测。原始汉台语的 **ə 在圆唇舌根韵尾之前则变原始台语的 *o。

4.3 入声韵尾

跟阳声一样，原始台语有三个入声韵尾，上古音有四个。它们的关系如下：

原始台语		上古音
-p	:	-p
-t	:	-t
-k	:	-k、-kw

例子很多，基本上也不需要举例，只要举两个 -k 对当 -kw 的例子：

台语意义	原始台语	汉字	上古音
竹篾	*pru̯ɔk D1L	竹	*trjəkw 入
麻雀	*čɔk D1L	雀	*tsjakw 入

4.4　阴声韵尾

汉语上古音阴声字有没有浊辅音韵尾是有争论的，李方桂（1971）拟测了 -b、-d、-g、-gw、-r 五个韵尾，龚煌城（1995）增加证据，并加了 -l、-s 两个韵尾。我从（1987）的文章发表后，就相信阴声韵尾是存在的。原始台语没有这一类的韵尾，现在根据李先生原来的拟测来看原始台语跟汉语对当的情形。

4.4.1　上古音的 -r

上古音	原始台语
-r	-0

李先生只给上古的歌、微两部字拟测了 -r 尾，原始台语的对当是 -0。

台语意义	原始台语	汉字	上古音
劈	*pha B1	破	*phar 去
离开	*lïa A2	离	*ljiar 平
多过、经过	*kwa B1	过	*kwar 去
瘸	*gwɛ A2	瘸	*gwjar 平

-r 尾丢失是很自然的事，就跟汉语方言一样。

4.4.2　上古音的 -b

上古音	原始台语
-b	没有资料

上古音的 -b 早就消失，变为 -d。原始台语里没有发现对当的字。

4.4.3 上古音的 -d

上古音	原始台语
-d	-i/0

上古韵部有 -d 尾字的只有微、祭、脂三部，下面是对当的例子。

台语意义	原始台语	汉字	上古音	韵部	北京话
被征服	*bai B2	败	*brad 去	祭	pai 去
说	*wa B2	话	*gwrad 去	祭	xua 去
退	*thɔi A1/B1	退	*thəd 去	微	thuei 去
几个、多少	*ki C1	几	*kjəd 上	微	tɕi 上
打开	*xəi A1	开	*khəd 平	微	khai 平
四	*si B1	四	*sjid 去	脂	sï 去
二	*nĭ B2	二	*njid 去	脂	ɚ 去

-d 尾基本上在原始台语是韵尾 -i，但有一例因为圆唇韵母的关系完全丢失。脂部字则相当于元音 i。如果拿最后一栏的北京话读音来比较一下，韵尾演变的情形跟原始台语非常相近。虽然这不是一个严谨的比较，但是认为上古音变成原始台语就像变成现代汉语的一种方言一样，还是相当接近的描述。

4.4.4 上古音的 -g

上古音	原始台语
-g	-0

台语意义	原始台语	汉字	上古音	韵部
囊、袋	*da B2	袋	*dəg 去	之
牙齿	*xiau C1	齿	*khrjəg 上	之
药	*ʔja A1	医	*ʔjəg 平	之
豆子	*thue B1/B2	豆	*dug 去	侯
藕	*ŋəu C2	藕	*ŋug 上	侯
镰刀、钩子	*xɔ A1	钩	*kug 平	侯
咽喉、颈子	*ɣɔ A2	喉	*gug 平	侯
涂抹	*da A2	涂	*dag 平	鱼
表示、告诉	*sɔ B1	诉	*sag 去	鱼
马	*ma C2	马	*mrag 上	鱼
锯子	*kï B1	锯	*kjag 去	鱼
拿	*thï A1/A2	提	*dig 平	佳
摇动	*hwəi A1	竵（歪）	*hwrig 平	佳

上古韵部收 -g 尾的有之、侯、鱼、佳四部，每部都有跟原始台语对当的例子。原始台语中一律没有 -g 尾，有很少数的几个保留元音尾，其余的都是无韵尾的单元音。下文会提到几个对当 -k 尾的例子。

4.4.5　上古音的 -gw

上古音	原始台语
-gw	-u

台语意义	原始台语	汉字	上古音	韵部
刨子	*bau A2	刨	*brəgw 平	幽
打、敲	*zəu B2	擂	*dzəgw 去	幽

胶	*kau A1	胶	*krəgw 平	幽
排尿、尿	*nǐəu B2	尿	*niagw 去	宵
猫	*mɛu A2	猫	*mragw 平	宵
缠绕、扭	*kiau C1	绞	*kragw 上	宵

上古韵部收 -gw 尾的有幽、宵两部，跟原始台语的复元音 -u 对当，无一例外。这跟大部分汉语现代方言完全一样。

4.5 小结

声调及阳声、入声韵尾的对当整齐明白，只有阴声韵尾有点复杂。由于原始台语有完整的声调系统，所以关于汉语上古音去声来自 -s 尾的说法在这里不相干。又因为没有对当的例子，龚煌城的 -l 尾也不必检讨。

第五章　同源词谱：不规则部分

有一个方法的问题需要交代。上文讨论的这些同源词是我找出来的，原来大致有一个寻找的范围。现在又在这个范围里讨论对当的规则，会不会有循环论证的危险？因为原来是按词义寻找的，后来的讨论的是语音规则，基本上并没有问题。即使只在某一个声韵调的范围内寻寻觅觅，也还是先注意词义。如何认定同源词是从比较严格的角度出发，有些对当不整齐或者词义有问题的例子就没有收在上文的同源词谱中。但我觉得这些词还是同源词，为了不混淆规则的讨论，现在另立一章加以说明。

5.1　疑似同源词

5.1.1　亲属词汇

台语意义	原始台语	汉字	上古音
父亲	*bɔ B2	父	*bjag 上（丁译本 59）
母亲	*mɛ B2	母	*məg 上（丁译本 65）
丈夫	*phue A1	夫	*pjag 平（李文）

原始台语跟上古音“父、母”两字的声调不对当，“夫”字的声母则送气不同。但亲属称谓可能有例外的读法，录此备考。例如现在台湾的国语把“爸爸、妈妈”说成“巴拔、妈麻”，除“拔、麻”变调以外，“巴、妈”两个音节都变成声调系统中不存在的低平调。

5.1.2 声母不同

台语意义	原始台语	汉字	上古音
刷掉、擦	*pət D1S	拂	*phjət 入（丁译本 55）

原始台语的声母跟上古音有送气与否的不同。“拂”字，《说文》：“过击也。”朱骏声《说文通训定声》认为拂就是拍、拭的意思。

台语意义	原始台语	汉字	上古音
白色	*phrïek D1L	白	*brak 入（李文）

原始台语的 *ph- 跟上古音的 *ph- 对当是正例，这里声母有清浊之异。

台语意义	原始台语	汉字	上古音
责骂	*ʔda B1	詈	*ljar 去（丁译本 95）

原始台语的 *ʔd- 跟上古音的 *nj- 对当，“责骂”原始台语的声母是 *ʔd-，而“詈”字却是 *l-<*r-。上面讨论上古音 -r 尾的时候，-r 在原始台语是完全丢失的，*ʔda 显示的正是如此。所以虽有一些不一致的地方，“詈”字还可能是同源词。

台语意义	原始台语	汉字	上古音
剩余、盈余	*hlïaA1	餘	*rag 平

上文提到原始台语的 *hl- 对应汉语上古音的 *th-，这里对应于 *r-，而这个 *r- 相信来自于 **l-, 可能有早晚期的问题。声调也不完全相当。但语义完全相同。

台语意义	原始台语	汉字	上古音
字、书	*sï A1	书	*sthjag 平（丁译本 136）

原始台语的 *s- 跟上古音的 *s- 对当，但这里汉语“书”字的声母却是 *sth-。汉语方言“书”字现在很多地方读 s-，如果多几个例子也许可以肯定这也是规则性的对当，那“书”是同源词的可能就更高了。

台语意义	原始台语	汉字	上古音
熟、煮过的	*suk D1S	熟	*djəkw 入（丁译本 136）

跟“书”字一样，原始台语的 *s- 应该跟上古音的 *s- 对当，但这里汉语上古音“熟”字的声母却是 *dj-。*dj- 读阳调，而原始台语却是阴调，只有北支方言是 D2S，来自浊声母。从声母看，这个字也可能是晚期同源词。

台语意义	原始台语	汉字	上古音
十	*sip D1S	十	*djəp 入（丁译本 136）

跟上面的“熟”字一样，原始台语是阴调，只有北支方言也是 D2S，来自浊声母的阳调。现在汉语方言中“十”字大都读阳入调，厦门的文读正是阳入的 sip。我（2008）的文章讨论过这个字，没有很好的结论。

台语意义	原始台语	汉字	上古音
买	*zï C2	市	*djəg 上（丁译本 142）

原始台语的 *z- 跟上古音的 *dz - 对当，“买”原始台语的声母是 *z-，而“市”字却是 *dj-。

台语意义	原始台语	汉字	上古音
认识、知道	*čək D1S 识	*sthjək 入	（丁译本 143）

原始台语的 *č- 跟上古音的 *ts- 对当，但这里汉语“识”字的声母却是 *sth-，跟上面的“书”字一样。例子太少，不能肯定，但未必不是同源词。

台语意义	原始台语	汉字	上古音
厌、憎恶	*ǰəŋ A2	憎	*tsəng 平（丁译本 147）

原始台语的 *ǰ- 跟上古音的 *dz-/*dr- 对当，但这里汉语“憎”字的声母是 *ts-。意义完全一样，只有声母清浊不同。

台语意义	原始台语	汉字	上古音
称（秤）	*ǰəŋ B2	称	*thjəng 去（丁译本 147）

“称”字原始台语读的是阳调，而上古音是阴调。原始台语的 * ǰ- 对当的该是 *dz-/*dr-，“称”字的声母却是 *th-。“称”字，《说文》：“铨也。”段注说“铨”就是一种“衡”。意义完全相等，不敢说声母略有不同就不是同源词。

台语意义	原始台语	汉字	上古音
老、古老	*kəu B1	旧	*gwjəg 去（丁译本 163）

原始台语的声母跟上古音有清浊的不同，李方桂（1956：4）早就提过这个字。他说：“有些字虽与汉语音很相近，而在台语中另成系统，不与汉语完全相合，——这类字我们只能认为与汉语语源上有关的字，不是借字。”

台语意义	原始台语	汉字	上古音
老、年老	*kɛ B1	耆	*gjid 平（丁译本 163）

跟上面的“旧”字一样，原始台语的声母跟上古音有清浊的不同，而且声调也不对当。“耆”字，《说文》的解释就是“老也”。

台语意义	原始台语	汉字	上古音
面颊	*kɛm C1	睑	*kljiam 上（丁译本 163）

原始台语的 *k- 跟上古音的 *k- 对当的例子很多，这个词可能也是正例，因为“睑”字《广韵》居奄切，后来是读 k- 的字。由于跟“敛潋”等字谐声，上古音才拟成复声母 *kl-。有两个可能的解释：一是原始台语本就是 *kl-，后来 -l- 也丢失了。但为什么其他的 *kl- 不丢，独独这个词的 -l- 丢失？不大好理解。另一个解释是上古音 *kl- 变成 *k- 后才产生这个同源词，这是一个可能。*kl- 在汉语史上何时消失的呢？据 Coblin（1978）在汉代许慎《说文》读若的研究中，没有看到 *kl-，但还有 *gl-、*dl-，到魏晋就完全看不出复声母的痕迹了，那么这个同源词可能产生在谐声时代到魏晋之间。

“睑”字，《说文》的解释是“目上下睑也”，正是面颊的意思。现在汉语通用的脸字是后起俗字，读法也是例外。

台语意义	原始台语	汉字	上古音
扁担	*ɣan A2	竿	*kan 平（丁译本 186）

台语现代方言声母有异读，李方桂的批注（丁译本 188）说：“西南及中支两支方言都显示原始台语的 *g-，而北支方言则显示 *ɣ-。”无论哪一种都跟上古音有声母清浊之异。“竿”字，《说文》的解释是“竹梃也”，竹梃类似扁担。

5.1.3 声调不同

台语意义	原始台语	汉字	上古音
石头	*phra A1	璞	*phruk 入（丁译本 79）

原始台语 A1 调应该跟上古音的平声对当，但“璞”是入声字，除声调之外还多了一个韵尾。原始台语也有可能是 *phla A1。“璞”字《说文》未录，但《孟子·梁惠王》：“今有璞玉于此，虽万镒，必使玉人雕琢之。”璞就是玉石。

台语意义	原始台语	汉字	上古音
鸡	*kəi B1	鸡	*kig 平（丁译本 162）

原始台语 B1 调应该跟上古音的去声对当，但“鸡”字是平声。

台语意义	原始台语	汉字	上古音
稻秧	*kla C1	稼	*krag 去（丁译本 190）

原始台语 C1 调应该跟上古音的上声对当，但“稼”字是去声。“稼”字，《说文》：“禾之秀实为稼。”跟稻秧的意思很接近。

5.1.4 塞音尾不同

台语意义	原始台语	汉字	上古音
肺	*pɔt D1L	肺	*phjad 去（丁译本 55）
芥菜	*kat D1L	芥	*kriad 去（丁译本 163）
额	*phl/rak D1L	颅	*blag<*brag 平（丁译本 79）
雾	*hmɔk D1L	雾	*mjəgw 去（丁译本 68）
帽子	*hmuek D1L	帽	*məgw 去（丁译本 68）
覆盖	*pok D1S	保	*pəgw 上（李文）

这几个例子都是李方桂（1976）指出来的，是上古音的阴声

字对当原始台语的 D 调字。上文提到上古音的 -d 尾基本上在原始台语是韵尾 -i，现在对当的却是原始台语的 -t，让我们想到汉语中的地支“未” mjəd 借入台语是 -t，如阿函读 mut。例外的对当可能是词汇扩散的结果。

-k 对 -g，也对 -gw，前面就有类似合口的元音。像“雾”跟“帽子”同时显示上文同源词谱中声母的对当 *hm-：*m-，是非常可信的。四个去声字都对原始台语 D1L，也相当有规则。上文说原始台语中对当 -g 尾的是无韵尾的单元音，这几个例子是例外，也许也是词汇扩散形成的。这种例外反而显示汉语拟测阴声韵尾的道理。

铁	*hlek D1S	铁	*thit 入（丁译本 122）

铁字在现代台语方言中就有两类读法，一种收 -t，一种收 -k。因为韵尾 -k 受元音 i 前化的作用变 -t，所以跟汉语的对当是合理的。上文 1.2.3.4 节有详细的讨论。

5.2　后起同源词

台语意义	原始台语	汉字	上古音
糖	*thïŋ A1/A2	糖	*dang 平（丁译本 91）

“糖”字看起来是语音对当的同源字，但是《说文》未录，《说文》里提到糖的是“饴、饧”两字。“饧”字《说文》：“饧，饴和馓者也。从食，昜声。”何大安说[①]：“昜声在阳部喻母（以类），从昜得声多舌音字，其定母一等读法，当《集韵》唐韵‘徒郎切’，

① 根据我跟何大安的私人通讯。

音同‘唐’。喻母（以类）又可与邪母互谐，其邪母三等而又转耕部之读法，当《广韵》清韵‘徐盈切’。阳部、耕部，上古邻部。《毛诗·周颂·有瞽》笺‘如今卖饧者所吹也’，《周礼·春官·小师》注‘如今卖饴饧者所吹者’，《释文》音‘夕清反’、‘辞盈反’，为《广韵》清韵‘徐盈切’所本。所以‘饧、糖’是古今字，‘徒郎、徐盈’两切则属音韵相近的方音。”他的考证可信，我想古今字的意思就是“糖”字后起，只是不知确实年代。原始台语北支方言读 A2 调，显示浊声母的来源。

台语意义	原始台语	汉字	上古音
木排	*bɛ A2	排	*brəd 平（丁译本 59）

这个字原始台语跟上古音对当整齐，但“排”字，《说文》:“挤也。”是一个动词，就是现在所说的“排挤”。在先秦古籍中没有检索到作“木排”的用例。虽然语音没有问题，但不敢肯定汉语中“排”字作为“木排”的用法何时才有。只能作为后起字存疑。

第六章　分析汉台语同源论的反面意见

在罗列同源词谱之后，有一个问题需要再解释。1992 年龚煌城、梅祖麟两先生发表《上古音对谈录》，基本上认为汉台语之间没有亲属的关系，可说是有系统的反面意见。举出了好几种理由，现在把这些理由分别列举，并一一加以分析。先引原说，再加解释。这里讨论的都是原则性的问题，有些零碎的争论就不详细论列。

6.1　无法解释的同源词

原说：

龚煌城说："泰语[①]		汉语
	hmïk '墨'	*hmək（m̥ək）'黑'
		*mək '墨'

不管是董先生的清 * m̥- 或高本汉的 *hm-，跟泰语 hmïk 相对应的应该是汉语的'黑' *hmək（m̥ək），结果却是汉语的 *mək，因为

① 泰语是台语的一支，龚氏用泰语指暹罗话，有时代表台语，本书大致两者都用，意义广狭不同。本书用原始台语，有时也用古台语，意义相同。

泰语是‘墨’不是‘黑’。……可是麻烦来了，泰语有 hmïk‘墨’，却没有‘黑’。如果泰语的 hmïk 和汉语的‘墨’同源。汉语的‘墨’应该是 *hmək；那么黑就不可能是 *hmək, 否则不能解释两个字后来为什么有不同的演变。”

解释：

这是因为我们对同源词的认识不够，只从表面来立论。2005 年我就已指出跟泰语“墨”hmïk 相对的是汉语的“墨”*mək。只是一清一浊，并不都是清鼻音。正如汉台语的对当关系有台语整套的清鼻音 hm-、hn-、hŋ- 相当于汉语上古音的 m-、n-、ŋ-。上文 1.2.2.1 节已有论列，现在再简述如下：

台语意义	原始台语	汉字	上古音
男巫、医生	*hmɔ A1	巫	*mjag 平
万	*hmïn B1	万	*mjan 去
脓	*hnɔŋ A1	脓	*nəngw 平
镊子	*hnɛp D1L	镊	*njiap 入
使紧	*hnɛt D1L	捏	*nit 入
牙龈、上颚	*hŋïak D1L	颚	*ŋak 入
五	*hŋa C1	五	*ŋag 上
鹅	*hŋan B1	雁	*ŋran 去

换句话说，泰语的 hmïk 和汉语的“墨”*mək 同源是没有问题的。汉语的“墨”是 *mək，“黑”的清鼻音 *hmək，台语没有对当的字。

6.2　汉藏、汉台不一样的同源词

原说：

龚煌城说："我自己原来相信汉泰同源。可是等到我开始做汉藏语的比较时，把汉语跟藏文、缅甸文拿来做比较，找了很多同源词，却发现汉语跟藏语、缅甸语同源的字，跟泰语都不同源；而汉语跟泰语同源的字，跟藏、缅都不同源。……所以从词汇的比较上，我就感觉到泰语跟其他的汉藏语不一样，逼得我对汉泰同源发生疑问。"

解释：

这个说法的问题是把台语跟藏缅语放在同一个平面上。假如藏缅跟汉语的同源词反映的是六千年前的关系，而台语跟汉语的同源词反映的却是三千年前的关系，那么当然汉语跟藏语、缅甸语同源的字，跟台语后来的读法不一定同源。因为那个时候汉台语还是同一支，台语分支后有些新的读法是后来创新的演变。而汉语跟台语同源的字，跟藏、缅也不同源，因为那时藏缅语已经分开别为一支，有了新的发展。这个解释诚然在理论上言之有理，但同源词能不能证明呢？

我（2008）写过一篇讨论汉藏语中基本数词的文章，现在用来作为一个例子。现在分为三组：

（1）汉字	汉语上古音	原始台语	古藏缅语
二	*njid 去	*ňi B	*g-nit
三	*səm 平	*səm A	*g-sum

五	*ngag 上	*hŋa C	*g-lŋa>b-lŋa
六	*ljəkw 入	*xrok D	*g-ruk>d-ruk
七	*tshjit 入	*čet D	*s-njit
八	*priat 入	*pεt D	*b-riat
九	*kjəgw 上	*kjəu C	*g-kuw>d-kuw
（2）汉字	古汉语	古台语	古藏缅语
四	*sjid	*si B	*g-lyi>b-lyi
十	*djəp	*sip D	*btɕu
（3）汉字	古汉语	古台语	古藏缅语
蜀（一）	*djuk	*—	*g-tuk（藏文 gtɕig）
一	*ʔjit	*ʔet D	

第一，在这十一个字里，有七个数字在古汉语、古台语、古藏缅语中有同源关系，这证明龚煌城的说法："汉语跟藏语、缅甸语同源的字，跟泰语都不同源"，跟事实并不符合。同时，这几个字古藏缅语都有词头，尽管是同源词，古汉语跟古台语的关系显然比较密切。

第二，"四、十"两个字古汉语跟古台语很接近，而跟古藏缅语不同。可见古汉语跟古台语是后来的演变，那时古藏缅语早已分开了。

第三，"蜀、一"两个字在汉语中都表示"一"的意思，"蜀"字见于杨雄的《方言》："一，蜀也，南楚谓之蜀。""蜀"用作"一"的说法现在只保存在闽语中。"蜀"字跟古藏缅语同源，而"一"字跟古台语同源。可见古汉语里有些字跟古藏缅语同源的可能比较早，而跟古台语同源的可能比较晚。

当然我们可以说，数词是一回事，其他的同源词又如何呢？这就牵涉到龚煌城引用的 Benedict（1942）的看法，"他认为泰语和汉语是借用关系，因为基本词汇都不一样。”事实上，在下文第八章里，我们可以证明在 Swadesh 前 100 的核心词中有 14 条有同源关系，次 100 词中也有 12 条。所以由于以往对汉台同源词的认识不足，Benedict 的看法是不足相信的。

梅祖麟（1992：698）引用龚煌城下列的例子：

	上古音	古藏语	古缅语	泰语
耳	njəg	rna	nâ	huu A1
目	mjəkw	mig	myak	taa A1
乳	njug	nu	nui	nom A2
吾	ngag	nga	nga	kuu A1
汝	njag	—	nang	ming A2
鱼	ngjag	nya	nga	plaa A1
日	njit	nyi	ne	wan A2
死	sjid	śi	se	taai A1
二	njid	gnyia	hnac	jii B2
三	səm	gsum	sûm	saam A1
四	sjid	bzhi	le	sii B1
五	ngag	lnga	nga	haa C1

梅氏认为“二三四五”四个字，汉语、台语的关系是借词。我认为认定有主观的成分，问题是如何证明？上文已经提到“五”字是很难以解释的。其他的八个基本词汇梅氏认为显然汉语、藏语、缅语是同源词，而台语完全不同。但是，我也可以举出一组基本词汇来证明汉语台语是同源词，例如：

原始台语	上古汉语
獠牙、象牙 *ŋa A2	牙 *ŋrag 平
牙齿 *xiau C1	齿 *khrjəg 上
大腿、腿 *kha A1	骹 *khragw 平

咱们俩 *ra A2	余 *rag 平
认识、知道 *čək D1S	识 *sthjək 入
说 *wa B2	话 *gwrad 去
热 *ʔdïat D1L	热 *njat 入
阳光 *ʔdɛt D1L	日 *njit 入
小孩 *ʔdek D1S	弱 *njak 入
雾 *hmɔk D1L	雾 *mjəgw 去
盐 *klïo A1	鹽 *kag 平
媳妇 *bəi C2	妇 *bjəg 上

能不能说，显然汉语跟台语是同源的关系？

再举一个比较特别的例子：

北京话	闽语：厦门
脑袋	头壳
脸	面
脑门儿	头额
眼睛	目珠
牙	嘴齿
胡子	嘴须
脖子	颔管
屁股	尻川
你	汝
他	伊
一	蜀
吃	食
喝	啉

例子可以举得更多。我们能不能因为这些词汇的不同，认为同源词完全不一样，所以厦门话和北京话没有亲属关系？答案当然是否定的。可见只用少数词汇来讨论亲属关系，具有根本的问题。亲属关系必须要注意语音上成系统对当的词汇，以及无法解释为

借词的同源词。

6.3　汉台语的元音差异

原说：

龚煌城说："让我产生疑问的是从元音比较，汉、藏、缅语元音系统都很简单。汉语据李方桂先生的上古音研究有 i、u、ə、a 四个元音，藏语有 i、u、e、o、a 五个元音，……缅甸语有 i、u、a 三个元音。可是暹罗话的元音系统有九个，而且又分长元音、短元音；复元音又那么多。……如果只看到大半是某几个元音跟汉语有关，其他的音都无关，我们就要问，这种元音系统是怎么样从一个简单的元音系统演变出来的？这暗示它原来就是个借词系统。台语（包括泰国话）元音系统本来就很复杂，跟汉语不同源。汉语的借词只出现在特定的某些韵，其他的韵母找不到与汉语有关系的字。"

解释：

第一，元音数目的多少应该不是一个可以决定是否同源的因素。我们可以看《切韵》的元音数目，各家的拟测虽然不同，总在十个左右，最少的也有七个，还没有加上许多带介音的韵母。从上古的四个元音变成切韵的七至十个元音，不能说《切韵》跟汉语上古音元音多少差得很远，因此没有同源关系。

再说古台语的元音系统是李方桂先生的拟测，跟暹罗的泰语一样，他拟测了高、中、低九个元音。但是别人的拟测可能不一样，最近许家平（Ostapirat 2013）就拟测了六个元音。在数目上跟上古音就很接近了。

我无意在此讨论古台语的元音系统，因为那是台语本身复杂的问题。我只从同源字里举一个原始台语元音 ɛ 的例子来说明可能的演变。

台语意义	原始台语	汉字	上古音
木板	*pɛn C1	板	*pran 上
猫	*mɛu A2	猫	*mragw 平
汤、肉汤	*kɛŋ A1	羹	*krang 平
客人	*xɛk D1L	客	*khrak 入
解开	*kɛ C1	解	*krig 上
八	*pjɛt D1L	八	*prit 入
轭	*ʔɛk D1L	轭	*ʔrik 入

在这里，我们看到汉语上古音的 ra 跟 ri 都对应原始台语的元音 ɛ，令我们怀疑这个央元音的来源是别的元音。如果原始台语中有三四个元音是从别的元音在某种条件下变来的，那么数目的多少就不是问题。

最重要的一点，龚煌城说："如果只看到大半是某几个元音跟汉语有关，其他的音都无关。我们就要问，这种元音系统是怎么样从一个简单的元音系统演变出来的？……汉语的借词只出现在特定的某些韵，其他的韵母找不到与汉语有关系的字。"

这是一个假设性的误解，因为跟汉语有关的不只是某几个元音，而是全部的元音。试从同源词谱里各举一个例子来说明元音的对当：

原始台语 *i：上古音 *i、*jə、*ja

台语意义	原始台语	汉字	上古音
肥胖	*bi A2	肥	*bjəd 平

原始台语 *ï：上古音 *ə、*ja

锯子	*kï B1	锯	*kjag 去

原始台语 *u：上古音 *u、jə

高	*suŋ A1	嵩	*sung 平

原始台语 *e：上古音 *i 等

用手指敲	*khek D1S	擊	*khik 入

原始台语 *ə：上古音 *ə 等

凳子	*təŋ B1	凳	*təŋ 去

原始台语 *o：上古音 *ə 等

池塘	*thom A1/A2	潭	*dəm 平

原始台语 *ɛ：上古音 *ra、*ri 等

木板	*pɛn C1	板	*pran 上

原始台语 *a：上古音 *a 等

停	*bak D2S	泊	*bak 入

原始台语 *ɔ：上古音 *u、*ə 等

单一、独	*dɔk D2	独	*duk 入

不仅每个元音都有对当，而且同源词都是日常词汇，数量也

多到不能忽略。可见问题出在以前对汉台语的同源词研究得不够，这些同源词不可能用借词来解释。

6.4 剥隘土语跟汉语的声调对当关系

原说：

龚煌城说："汉语和剥隘土语中的汉语借词的对应关系相当复杂。若以汉语做标准，借入剥隘土语平声有好些个声调。……凡是汉语的平声，在剥隘变成31调的，都是喉塞音。这是有条件的。凡是汉语阴平声对应剥隘21调的，都是原始台语里的词汇。这种发现让我感到最兴奋的是，根据这种平上去入各有好几种不同对应的关系，把原始台语对应的声调抽出来之后，就剩下剥隘土语的声调系统，这个声调对应系统是后来的。"

解释：

因为龚先生的这篇文章没有正式发表，没有办法细细观察。基本上他的分析应该是正确的。他把汉语平声字跟剥隘土语的几种对当分开，认为一类是有条件的、一类是原始台语的词汇、剩下的就是现存后来的剥隘声调系统。我们的解释是：诚然剥隘土语里的声调问题是复杂的，但在原始台语的词汇中既有跟古汉语对当的系统，从何知道这些字是借词？也许它们正是同源词。这又回到如何辨认同源词跟借词的问题。

6.5　汉台语的清浊对应与汉语声调的借入时代

原说：

龚煌城说："李方桂先生研究龙州土语的时候，他说其中有汉语借词，声调有对应；可是有很多例外，这些例外可能就是同源词。……我的论文是站在汉泰不同源的观点立论。因为在剥隘土语的两个系统里面，有一个系统跟原始台语的对应完全一样。一般所谓的汉语跟泰语的同源词像 Wulff 所指出的那些规则的声调对应关系也是借词。现在只剩下一个问题，那些不规则的要如何解释。……在泰语语音史中，清浊声母有不同的演变，现在的某些调是古代的清声母变来，浊声母字以这种调借入，会被误认为清声母来源。"

解释：

这个办法诚然是一种可能的解释，但是如果有成套的清浊对应，而且不能解释为借词的话，是同源词的至少也有百分之五十的可能性。例如，我（2005）就指出下列的对当，上文 1.2.1 和 1.2.2 节有比较详细的讨论。

原始台语的 hm-、hn-、hŋ- 相当于汉语上古音的 m-、n-、ŋ-；同时还有原始台语的 xr- 相当于汉语上古音的 l-<r-。都是清浊的对当。原始台语的"五"*hŋa C-、"六"*xrok D 不可能用汉语上古音的 *ng- 跟 *l 来解释。

6.6 汉语次浊为何借入台语的“清”

原说：

梅祖麟说：“泰语和汉语的平上去入的对应关系是：

汉	泰
平	A（1，2）
去	B（1，2）
上	C（1，2）
入	D（1S，1L，2S，2L）

……问题的起源，也就是为什么汉语的鼻音声母（次浊声母）借到泰语变成清鼻音？……特别提到在平上去入次浊是一个‘类’，它跟清的‘类’一起跑，所以我完全是从‘类’的观点去看的。至于古调值，稍微早一点的，我们就几乎没有办法。”

解释：

这是梅祖麟反对龚煌城从调值的角度来解释，但他是从借词的立场看问题的。反过来说，如果不从借词的角度考虑，汉语的鼻音声母（次浊声母）少数字跟泰语的清鼻音对当，而大部分基本的同源词是次浊鼻音跟浊鼻音完全对应，那么少数次浊对清的例子更可表示不是借词的关系。例如：

台语意义	原始台语	汉字	上古音
遮盖、用草盖	*mwuŋ A2	蒙	*mung 平
白蚁	*mɔt D2L	蠛	*miat 入
猫	*mɛu A2	猫	*mragw 平
姑娘	*naŋ A2	娘	*nrjang 平

压紧	*nɛp D2L	捻	*niəp 入
按摩、摩擦	*nuat D2L	捺	*nuat 入
獠牙、象牙	*ŋa A2	牙	*ŋrag 平
发芽、芽	*ŋɔk D2L	萼	*ŋak 入
藕	*ŋəu C2	藕	*ŋug 去

这里有整齐的对当关系，上古音的次浊类是对应原始台语的浊类声调。古汉语的鼻音声母（次浊声母）跟原始台语清鼻音对当的不但是少数，而且表示极可能是同源字，只是声母的来源不同。古汉台语整套的鼻音 **m-、**n-、**ŋ- 相当于汉语上古音的 *m-、*n-、*ŋ-，原始台语也是 *m-、*n-、*ŋ-：古汉台语的 **hm-、**hn-、**hŋ- 则变成汉语上古音的 *m-、*n-、*ŋ- 跟原始台语的 *hm-、*hn-、*hŋ-。

解释了以上六条反面的意见，我觉得要说汉语跟台语没有亲属关系，似乎证据不足。至于汉台语同源词跟借词的分别请参看第一章。

第七章　闽语核心词的启示

7.1　核心词与同源词

讨论汉台语及汉语关系的学者，有的人用关系词、同源词；有的用核心词、基本词。核心词究竟跟同源词有多深的关系？两个语言之间，如果核心词很接近，当然表示同源；如果核心词大部分不同，是否就表示异源？核心词相同的比例要达到多少才算同源？不同的比例要达到多少才算异源？核心词指的又是什么词？这几个问题不容易解答，以下试从闽语核心词的几个角度来分析，再回头考虑汉台语的关系。

在这里，我把核心词局限于名词——人体器官不同的名称，以及动词——五官及肢体的动作。因为看法不同，本书不采用Swadesh（1955）的基本词汇说（见丁邦新2000，2008）。

资料根据北大的《汉语方言词汇》(2004)。但是有些方言字已经改成本字了。主要借北京话跟闽语核心词的异同讨论同源词的问题。闽语则以厦门话跟福州话作为代表。

7.2　北京话跟闽语核心词的比较

7.2.1　人体器官不同的名称

北京话	闽语：厦门	闽语：福州
脑袋	头、头壳	头
脸	面	面
脑门儿	头额	额头
眼睛	目珠	目珠
眼珠儿	目仁	目珠子
嘴	喙	喙
胡子	喙须	喙须
脖子	颔管	脰 auʔ23
咂儿	奶，奶仔	奶
屁股	尻川	股穿
鸡巴	lan33 tsiau51	løy52 鸟
屄	tsi55 bai55	tsi44
胳臂	手骨	手腿、手臂
胳膊肘儿	手后撑	手撑
小拇哥儿	尾指仔	尾掌指
膊楞盖儿	跤（骹）头污	跤（骹）腹头
脚	跤（骹）	跤（骹）
脚趾头	跤（骹）指头仔	跤（骹）指

7.2.2　人体器官相同或类似的名称

北京话	闽语：厦门	闽语：福州
头发	头毛	头发
眉毛	目眉毛	眉毛

眼睛毛儿	目睫毛	目 tiaʔ23
鼻子	鼻仔	鼻
耳朵	耳仔	耳团
嘴唇儿	喙唇	喙皮
舌头	舌仔	喙舌
牙	喙齿	牙齿
下巴	下颏，下斗	下颏
喉咙	咙喉	喉咙
肩膀儿	肩头	肩头
胸脯儿	胸坎	心肝前
肚子	腹肚	腹肚
脊梁	胶（骹）脊	p‘iaŋ44
胳肢窝	胳下埕	胳络下
手	手	手
左手	倒手	小边手
右手	正手	大边手
巴掌	手心	手掌
拳头	拳头母	拳头母
手指	指头仔	手指
大拇指	大部拇	大拇拇
指甲	tsŋ51 甲	掌甲
腿	跤（骹）腿	跤（骹）腿

7.2.3 五官及肢体动作的不同说法

北京话	闽语：厦门	闽语：福州
闻	鼻	鼻
吃	食	食
喝	啉	啜
啃	k‘ue11	k‘ɛ44
咽	吞	吞
吸	suʔ32	ŋeiʔ23

吐	啡	啡
拿	t‘eʔ5	拈
掐	liam51	捏
揉	nũã53	luei52
提	掼	掼
端	捧	捧
抬	扛	扛
挑	担	担
按	ts‘iʔ5	扼
推	tu55	拱、搡
拉（车）	牵、拖	拖
抻	擤	拔
搂	揽	兜、揽
打	拍	拍
捅	t‘uʔ32、揬	t‘ouʔ23、揬
撕	li11	扯
折	atʔ32、拗	拗
拧（毛巾）	tsun33	ts‘ouŋ242、扭
拧（螺丝）	旋	ts‘uɔ44
扔（掷）	hĩ11、tim11	kœʔ4、k‘œ31
走	行	行
跑	走	pie213
踩	踏	藉
跨	伐	伐
站	（徛）	（徛）
躺	倒	倒
挤	k‘ueʔ32	k‘aiʔ23

7.2.4　五官及肢体动作半同的说法

北京话	闽语：厦门	闽语：福州
嚼	哺	嚼

舔	舔	liaʔ23ʔ
吹	歕	吹、歕
尝	试	尝
摘	挽、摘	摘
举	揭	举
扛	gia24	扛
背	背	mai242
敲、打	敲	拍
碰	磕	碰
撞	舂	tuŋ44、碰、撞
蹲	跍	蹲、跍
靠	倚	在、靠
摔	跋	跋、摔

7.2.5　五官及肢体动作相同的说法

看、听、咬、吞、含、喷、捏、摸、搓、托、捧、搬、压、挡、撑、拖、牵、抽、拔、扶、抱、拨、敲、弹、跳、踢、坐、爬、钻。

7.2.6　关于闽语核心词材料的说明

以上材料分为五类：7.2.1 是人体器官不同的名称，我采取比较严格的分类。只要厦门、福州两地的说法跟北京话有一点相同，就归入 7.2.2 类，认为是属于人体器官相同或类似的名称。例如：

北京话	厦门	福州
牙	喙齿	牙齿
胸脯儿	胸坎	心肝前
巴掌	手心	手掌

其实，闽语只有一个成分跟北京话相同，算是名称不同也说得过去。

动词的部分有一点不同，厦门、福州两地只有一个地方跟北京话相同，我另立了一类，7.2.4 五官及肢体动作半同的说法，表示有一半的词汇已经跟北京话一样，大概是使用了新词汇。

7.3　核心词跟同源词关系的讨论

7.3.1

我们明明知道北京话跟闽语是同源的，都属于汉语。比较北京话跟闽语，人体器官不同名称的有 18 个，如北京话脑袋 / 厦门话头壳；相同或类似的名称有 24 个，如北京话鼻子 / 厦门话鼻仔。数目相当接近。五官及肢体动作的不同说法有 33 个，如北京话闻 / 厦门话鼻；相同的说法有 28 个，如北京话看 / 厦门话看。半同的有 14 个，减半计算。换句话说，上述动词异同的个数是不同的词汇 18+33+7=58；相同的词汇 24+28+7=59，换成百分比大约是 50% 比 50%。

假设我们不知道北京话跟闽语的亲属关系，我们很容易各举 10 个不同的器官名称，10 个不同的动词，说明两者没有亲属关系。反过来也一样，各举 10 个相同或类似的器官名称，10 个相同的动词，说明两者具有亲属关系。这样的争论变成信者恒信，不信者恒不信，难以有肯定的结论。

问题回到数量的多少，究竟要有多少相同的核心词才算有亲属关系？反过来，回到前面的问题，不同的比例要达到多少才算异源？比例要怎么算？上述同源词异同的个数是不同的词汇 58：相同的词汇 59。我们能不能说北京话跟闽语没有亲属关系？当然不能！那么，如何解释呢？

7.3.2

另外一个问题是如何认定核心词的异同。上文举例的时候基本上用的是汉字。汉字有很深的历史渊源，看到汉字就自然想到它背后的联系。例如：

北京话	厦门	福州
脸	面	面
眼睛	目珠	目珠

看到闽语的“面”字，就想到北京话或文言“面子、门面、颜面”等词汇。即使北京话说“脸”，也不会认为闽语的说法是异源。同样，看到闽语的“目”字，就想到北京话或文言“目光、面目、醒目”等词汇。即使北京话说“眼睛”，其他的联系也会肯定北京话跟闽语的亲属关系。如果换一个写法：

意义	Language A	Language B
face	liɛn214	bin33
eye	iɛn214 tɕiŋ	bak55 tsiu55

固然没有人会认为 liɛn214 跟 bin33 是同源，根本上也不会想到 bin33 或 bak55 跟 Language A 有任何关系。其实 Language A 是北京话，Language B 就是厦门话。很不幸的，我们处理的非汉语就

是这种情形，只能从表面的语音来判断。判断的结果可能对，也可能不对，实在是疑似之间，说任何肯定的话都有危险。

7.3.3

更进一步，核心词也有争论。就像基本词汇一样，哪些是基本，哪些不是？总共要收罗多少条才算够用？或者认为，从基本上推翻，上文所举的人体器官的名词跟五官及肢体动作的动词有些不算核心，或者数量根本不够。但是，我相信，一百多条所谓核心词应该可以大致说明我的看法。

7.3.4　补充材料——代名词的情况

如果我们觉得上文的材料不够，应该加上一些材料来观察，那么，我们再来看看代名词的情况。

北京话	厦门	福州
我	我	我、奴
你	汝	汝
他	伊	伊
我们	我侬（gun51）	我各侬
你们	汝侬（lin51）	汝各侬
他们	伊侬（in55）	伊各侬

只有第一人称的单复数有相似的成分，其余完全不同。好像北京话跟闽语没有亲属关系，这当然不是正确的推论。只要加上文言的因素，许多线索就可以连起来了。

增加代名词的材料并不能厘清问题，可见大量增加所谓核心词，大概也不能使图像清楚。上文的分析基本上是站得住脚的。

7.4 小结

上文根据北京话跟闽语的比较，主要指出：只凭核心词或同源词并不能准确地判断亲属关系。那么，正确的方法应该如何呢？我认为必须要结合语音对当跟同源词同时观察。第一章里我提到"论汉台语中辨认同源词与借词的方法"，主要说明三点：某种语音的对当只能是同源词、语音不整齐对当的一致性显示同源词的可能、转折的语音对当只能解释为同源词。根据这个说法，把语音对当跟同源词结合起来，汉语跟台语很有可能具有亲属关系。如果只用若干核心词就来判断两个语言是否有亲属关系，可能走上了歧路。

第八章　结论

8.1　再论同源词的问题

同源词是一个可信与否的问题，很多讨论东亚语言关系的学者认定的同源词，别人认为是借词，不能据以肯定同源关系；或者根本不承认是同源词。我觉得如果同源词找得正确，数目也多，到了一个程度，自然会有一些无法否定的证据。除了上文 1.2 节指出汉台语同源词与借词的分别以外，还可以增加以下的理由作为汉台语有亲属关系的证明。

（1）同源词谱中整齐的对当有 180 条，零散的对当有 30 条，一共是 210 条。即使有后起的同源词，例如有些词《说文》未著录；或者有辨识错误，即使承认错误率达到 20%，还有 168 条。这么大数量的同源词，难以只说是没有亲属关系的借词。

（2）上文说过，同源词谱中有许多对当无法以借词解释。例如：上文提到原始台语的 pl-、pr-、phl-/r-、hl- 对当上古音的 th-。如果认为是借词，方向如何？一般都认为是从汉语借到台语，原始台语自有 th-，为何把上古音的 th- 借为 pl-、pr-、phl-/r-、hl-？例字虽然少，蕣 *thak、竹 *trjəkw 是普通名词；㧜（坼）*thrak、㡿 *thrak 是动词，为何要借？只能承认可能是汉台共同语的 pl-、pr-、phl-/r-、hl- 变为上古音的 th-。

（3）同源词谱中原始台语跟上古音的对当，以上古音为早。例如：原始台语的 *ɛ 对当上古音的 *ra、*ri，只能说上古音变原始台语，不能说 *ɛ 变为 *ra、*ri。那么，跟上一条比起来，反而是上古音的元音系统接近汉台共同语。声母、元音有相反的现象，可以反证这些同源字不会是借词。

（4）不规则同源词谱中的“铁”字关系重大，原始台语的 *hlek D1S 跟上古音的 *thit 对当，绝对不会是借词。原始台语声母有 *hl-、*th-，上古音也有 *hl-、*th-，无论从哪个方向移借，声母都无法解释。上古音的 *thit 跟原始台语的 *hlek 既是同源字，可以证明上文原始台语 *hl- 跟上古音的 th- 对当也是可靠的。参见上文 1.2.3.4 及 2.2.8 的讨论。

（5）同源字谱中有些相关的词类似于四声别义。例如：

浸泡	*čum C1	浸	*tsjəm 上
浸泡	*čum B1	浸	*tsjəm 去
宽阔	*kwaŋ C1	广	*kwang 上
宽阔的	*khwaŋ B1	旷	*khwang 去
贩卖	*ga C2	贾	*kag 上
价	*ga B2	价	*krag 去

可惜意义只能大致猜想，不敢说定。也有声母清浊别义的：

脱掉	*thɔt D1L	脱	*duat 入
脱落	*hluot D1L	脱	*thuat 入

“脱”字《广韵》入声末韵徒活切的解释是“肉去骨”，他刮切是“骨去肉”。据何大安[①]的看法，读浊音 *duat 的“脱”是自动词，读清音的是他动词。同源词加上构词法，说是借字就更困难了。

以前我曾经用李方桂（1977）的资料指出泰语有下列的四声别义：

泰语	意义	泰语	意义
siam A1	尖物、铲、锄	siam C1	削尖
koŋ A1	圆圈、轮	koŋ B1	弯曲
khan A2	分割稻田的沟	khan B2	分开，区分

也有清浊别义：

泰语	意义	泰语	意义
khiau C1<*kh	犬齿	khiau C2<*g-	咀嚼
khot D1S<*kh	缠绕	khot D2S<*g-	弄弯
nii C1<*hn-	这里	nii C2<*n-	这个

可以增强这里的讨论。

（6）同源词 210 条之中只有 10 个左右的文化词，例如：箸、墨、钳、弩等等。除名词以外，数词有 12 个，基本数词加上“百”跟“万”、动词有 70 个，形容词有 16 个，不可能移借。在 Swadesh（1955）的核心词中，属于前 100 词的有 14 条：

咱们俩	*ra A2	余	*rag 平
一	*ʔi̯et D1S	一	*ʔjit 入
二	*nǐ B2	二	*njid 去
姑娘	*naŋ A2	娘	*nrjang 平
树皮	*plïak D1L	擇	*thak 入

① 这也是何大安在他给我的信中提到的。

獠牙、象牙	*ŋa A2	牙	*ŋrag 平
牙齿	*xiau C1	齿	*khrjəg 上
大腿、腿	*kha A1	尻	*khagw 平 / 骹 *khragw 平
认识、知道	*čək D1S	识	*sthjək 入
说	*wa B2	话	*gwrad 去
石头	*phra A1	璞	*phruk 入
白色	*phrïek D1L	白	*brak 入
热	*ʔdïat D1L	热	*njat 入
阳光	*ʔdɛt D1L	日	*njit 入

其中“牙、齿”只算一条。属于其次 100 词的有 12 条，如果把疑似的“父亲、母亲、丈夫”三条除去，就只剩下 9 条：

小孩	*ʔdek D1S	弱	*njak 入
挖、挖空	*xut D1L/D2S	掘	*gwjiət 入
父亲	*bɔ B2	父	*bjag 上
五	*hŋa C1	五	*ŋag 上
雾	hmɔk D1L	雾	*mjəgw 去
四	*si B1	四	*sjid 去
丈夫	*phue A1	夫	*pjag 平
母亲	*mɛ B2	母	*məg 上
盐	*klïo A1	鹽	*kag 平
三	*sam A1	三	*səm 平
媳妇	*bəi C2	妇	*bjəg 上
老、年老	*kɛ B1	耆	*gjid 平

这些都是核心词，应该可以证明原始台语跟上古汉语确实有亲属关系。

（7）现在我指出汉语跟台语有同源的关系，把原来的三个基本条件更改为：第一，有许多不可以解释为借字的同源词，第二，有相同而难以移借的构词系统，第三，完全类似的声母及声调的分化。

8.2　同源词里尚未解决的问题：r-、l- 的层次

上文里有些暂时无法解决的问题没有讨论到，但既然看出问题的所在，不能不加以粗略的解释。也许别人以后可以解决。上文同源词谱中提到 r-、l- 在汉台语中的不同对应，现在把相关的同源词重新排列如下：

（1）原始台语 *l-：汉语上古音 *l-

英语词汇	台语意义	原始台语	汉字	上古音
to leave	离开	*lïa A2	离	*ljiar 平
enclosure, chiken coop	鸡笼	*lau C2	篓	*lug 上
finished	完成	*lɛu C2	了	*liagw 上
to cut off, trim	切断	*lit D2S	烈（列）	*ljat 入

（2）原始台语 *l-：汉语上古音 *r-（<*l-）

英语词汇	台语意义	原始台语	汉字	上古音
pork fat, grease	猪油、脂肪	*lauA2	油	*rəgw <**ləgw 平

（3）原始台语 *r-：汉语上古音 *r-

英语词汇	台语意义	原始台语	汉字	上古音
we	咱们俩	*ra A2	余	*rag 平
hole	洞	*ru A2	窬	*rag 平

（4）原始台语 *r-：汉语上古音 *l-<**r-

英语词汇	台语意义	原始台语	汉字	上古音
to pull, detach or strip off grains from the stalk	使分离、把谷物从茎上剥下来	*rut D2L	捋	*luat<**ruat 入

to leak, leaky	泄漏、漏的	*rue B2	漏	*lug<**rug 去
ear of corn, paddy	玉米穗、稻穗	*ruïŋ A2	蔀	*lang<**rang 平

（5）原始台语 *gr-: 汉语上古音 *gl-<*gr-

英语词汇	台语意义	原始台语	汉字	上古音
lazy	懒惰	*gran C2	嬾（懒）	*lan<*ran 上
indigo	蓝靛	*gram A2	蓝	*glam 平
to put over, coverup	掩蔽、堵塞	*grɔm B2	敛	*gljiam 去

研究汉语上古音的人认为中古汉语的来母（l-）原来是 **r-，而喻四的以母（r-）原来是 **l- ，如果原始台语既有 *r- 也有 *l-，应该正好两两相配。那么何以来母字会有两种对当的现象？何以喻四的字对应的也有两种？

先处理（5）的问题，上文提到汉语的“蓝、敛”两字分别跟见母字“监、检”谐声，原来可能是 *glam 平 <**gram，*gljiam 去 <**grjiam, 正好跟原始台语对应。“懒”字没有跟舌根音谐声的例子，早期也可能是 *glan<**gran。那么，原始台语的 *gr- 对应汉语上古音的 *gl-<**gr-，是很整齐的对应。

其次处理（3）（4）的问题。原始台语的 *r- 对应汉语上古音的 *r-，看样子这两个喻四的字，在汉语中并没有如大家推测的从 *l- 变来。如果我们认为喻四的 **l- 是早期的音读，后来才变成 *r-。那么这里的 *r- 就是晚期的读法。似乎还没有人讨论过汉语上古音的 *l- 何时从 **r- 变来，而 *r- 又在何时从 **l- 变来。很不容易找到证据，就不能说肯定的话。（4）有好几个例子，都是汉语的来母字，既然跟原始台语的 *r- 相当，可见这些来母字如所推测，来自于更早期的 *r-。

刚才我们发现台语的 *gr- 对应汉语上古音的 *gl-，而 *gl- 从 **gr- 变来。如果认为 *ra A2：余 *rag、*ru A2：窬 *rag 是晚期同源词，*rue B2 ：漏 *lug<**rug、*ruïŋ A2 ：蓈 *lang<**rang 就是早期同源词。那么也许可以把 *gr-: *gl-<**gr- 的对应也解释为早期的现象。现在暂时把这个问题放在一边，再看（1）（2）的问题。

（2）虽然只有一个例子，声韵调对当皆无可疑。既然喻四的 **l- 是早期的音读，后来才变成 *r-。那么这里的对应就是早期的读法。

汉语上古音的 *l- 对应原始台语两类的声母 *l- 及 *r-，我们承认来母上古音的 *l- 早期从 **r- 变来，那么这里的对当也是早晚期的问题。中古的来母字有两个来源：一个是早期的 **r-，跟原始台语的 *r- 相当；另一个是晚期的 *l-，跟原始台语的 *l- 相当。跟（3）（4）的现象合起来，可以列成一个简表：

早期	晚期
原始台语 *l- ：上古音的 *r-<**l-	原始台语 *l- ：上古音的 *l-
原始台语 *r- ：上古音 *l-<**r-	原始台语 *r- ：上古音的 *r-
原始台语 *gr- ：上古音的 *gl-<**gr-	

汉语上古音早期的 **r-，到晚期变成 *l，到中古维持来母的 *l；汉语上古音早期的 **l-，到晚期变成 *r，到中古再变成喻四的 ji-。对应显示的正是层次的不同。

这种层次的解释有没有证据？原始台语中正好显示早期的 *r-，在方言中变成 *l。例如：

台语意义	原始台语	西南方言	中支方言	北支方言
鸡虱	*rɛi A2	rai	ɬai	lii
旱田	*rɛi B2	rai	ɬai	lii
呕吐	*ru̯ak D2L	raak	ɬaak	luuk
叫喊	*rɔŋ C2	rɔɔŋ	ɬooŋʔ	looŋ

原始台语的 *r- 变成北支方言的 l-，正如汉语上古音早期的 **r-，变成晚期的 *l。

希望这里用层次的观念能够解决 r-、l- 的问题。

引用文献

北京大学中国语言文学系 2003 《汉语方音字汇》，北京：语文出版社。

北京大学中国语言文学系 2004 《汉语方言词汇》（第二版），北京：语文出版社。

陈保亚、何方 2004 《汉台核心一致对应语素的有价分析》，《汉藏同源词研究》（丁邦新、孙宏开编）1: 63—190。

丁邦新 1975 《平仄新考》，《史语所集刊》47.1: 1—15。

丁邦新 1987 《上古阴声字具出辅音韵尾说补证》，《师大国文学报》16: 59—66。

丁邦新 1999 《上古音声母 *g 和 *ɣ 在闽语中的演变》，*A Contemporary Studies on the Min Dialects.* Editor: Pang-Hsin Ting. 247—261。

丁邦新 2000 《汉藏系语言研究法的检讨》，《中国语文》2000.6: 483—489。

丁邦新 2005 《论汉语与台语的关系——李方桂汉台语同源论的检讨》，《语言暨语言学》专刊外编之二，《汉语史研究：纪念李方桂先生百年冥诞论文集》（丁邦新、余霭芹合编）：9—25。

丁邦新 2005 《说五道六》，《民族语文》3: 1—6。

丁邦新 2008 《汉藏语中的基本数词》，《历史语言学研究》1: 17—26。《汉藏同源词研究》（丁邦新、孙宏开编）1: 63—190。

丁邦新 2008 《中国语言学论文集》，中华书局，北京。

龚煌城 1995 The System of finals in Proto-Sino-Tibetan. *The Ancestry of the Chinese Language.* Editor: William S-Y. Wang. 41—92。

龚煌城 2001 《上古汉语与原始汉藏语带 r 与 l 复声母的构拟》，《台大文史哲学报》54: 1—36。

龚煌城 2002 《汉藏语研究论文集》,台北:“中央研究院”语言所(筹备处)。

龚群虎 2002 《汉泰关系词的时间层次》, 复旦大学出版社。

李方桂 1936—37 Languages and Dialects. *The Chinese Year Book*《中国年鉴》121—128。

李方桂 1940 《龙州土语》, “中央研究院” 历史语言研究所单刊甲种之16, 上海:商务印书馆。

李方桂 1956 《武鸣土语》, “中央研究院” 历史语言研究所单刊甲种之19, 台北。

李方桂 1971 《上古音研究》,《清华学报》新九卷 1, 2: 1—61。

李方桂 1976 Sino-Tai. *Computational Analysis of Asian and African Languages,* 3: 39—48.

李方桂 1977 *A Handbook of comparative Tai*, Oceanic Linguistics Special Publication No. 15, The University Press of Hawaii.

李方桂 2011 《比较台语手册》(丁邦新译),《李方桂全集》第 8 册, 北京:清华大学出版社。

梅祖麟、龚煌城 1992 《上古音对谈录》,《中国境内语言暨语言学》(第一辑), 汉语方言 665—719。

张琨 1971 Sino-Tibetan “Iron”: *qhleks. *Journal of American Oriental Society* 92: 436—446。

Coblin, W. South 1978 The Initials of Xu Shen's Language as Reflected in the Shuowen Duruo Glosses. *The Journal of Chinese Linguistics* 6.1: 27—75.

Matisoff, James A. 1973 Tonogenesis in Southeast Asia. Larry M. Hyman, (ed.), Consonant Types and Tone, 71—95. *Southern California Occasional Papers in Linguistics*, No. 1.

Ostapirat, Weera 2013 The Rime System of Proto-Tai, *Bulletin of Chinese Linguistics* 7.1: 189—226.

Paul Benedict 1972 *Sino-Tibetan: A Conspectus*, Contributing Editor: James

A. Matisoff, Cambridge University Press.

Paul Benedict 1975 *Austro-Thai: Language and Culture*, with a Glossary of Roots, HRAF Press.

Swadesh, Morris 1955 Towards Greater Accuracy in Lexicostatistic Dating. *International Journal of Americal Linguistics* 20: 123—133.

附录一：同源词谱汉字索引

A					
拼音	汉字	上古音	台语意义	原始台语	章节
ān	鞍	*ʔan 平	马鞍	*ʔan A1	2.7.1
B					
拼音	汉字	上古音	台语意义	原始台语	章节
bā	八	*prit 入	八	*pjɛt D1L	2.1.1、3.7
bà	坝	*prag 去	草地、旷野	*pa B1	2.1.1
bái	白	*brak 入	白色	*phrïek D1L	5.1.2
bǎi	百	*prak 入	百	*pak D1L	2.1.1
bài	败	*brad 去	被征服	*bai B2	2.1.3、4.4.3
bǎn	板	*pran 上	木板	*pɛn C1	2.1.1、3.7
bǎo	保	*pəgw 上	覆盖	*pok D1S	5.1.4
bào	报	*pəgw 去	报告	*pau B1	2.1.1
	刨	*brəgw 平	刨子	*bau A2	2.1.3、4.4.5
biàn	变	*pljian 去	变	*plian B1	2.1.8
bǐng	饼	*pjing 上	饼	*pjɛŋ C1	2.1.1
bāo	剥	*pruk 入	削皮	*pɔk D1L	2.1.1
bó	泊	*bak 入	停	*bak D2S	2.1.3、3.8
C					
拼音	汉字	上古音	台语意义	原始台语	章节
cāng	仓	*tshang 平	谷仓	*čhaŋ A1	2.3.4

续表

chá	茶	*drag 平	茶	*ǰa A2	2.3.5
chè	㡿	*thrak 入	破开	*phlɛk D1L	2.1.10
	㩁（坼）	*thrak 入	裂开	*prɛk D1L	2.1.9
chèng	称	*thjəng 去	称（秤）	*jəŋ B2	5.1.2
chǐ	齿	*khrjəg 上	牙齿	*xiau C1	2.4.6、4.4.4
cóng	篆	*dzung 平	松松的笼子	*zɔŋ A2	2.3.2
			D		
拼音	汉字	上古音	台语意义	原始台语	章节
dā	搭	*təp 入	拍手	*top D1S	2.2.1、3.6
dá	答	*təp 入	回答	*tɔp D1L	2.2.1、3.9
dài	袋	*dəg 去	囊、袋	*da B2	2.2.3、4.4.4
dàn	澹	*dam 平	湿	*dum A2	2.2.3
dèng	凳	*təŋ 去	凳子	*təŋ B1	2.2.1、3.5
dī	滴	*tik 入	落	*tok D1S	2.2.1
dòu	豆	*dug 去	豆子	*thue B1/B2	2.2.2、4.4.4
dú	独	*duk 入	单一、独	*dɔk D2	2.2.3、3.9
dù	渡	*dag 去	码头	*da B2	2.2.3
duàn	段	*duan 去	片段	*dɔn B2	2.2.3、3.9
duì	队	*dəd 去	群组	*duai B2	2.2.3
duó	夺	*duat 入	丢弃、扔	*dɔt D2L	2.2.3、3.9
			E		
拼音	汉字	上古音	台语意义	原始台语	章节
è	轭	*ʔrik 入	轭	*ʔɛk D1L	2.7.1、3.7
	萼	*ŋak 入	发芽、芽	*ŋɔk D2L	2.4.4
	蝷（鳄）	*ŋak 入	水怪、龙	*ŋïek D2L	2.4.4
	颚	*ŋak 入	牙龈、上颚	*hŋïak D1L	2.4.5

续表

èr	二	*njid 去	二	*ňi B2	2.3.6、3.1、4.4.3
F					
拼音	汉字	上古音	台语意义	原始台语	章节
féi	肥	*bjəd 平	肥胖	*bi A2	2.1.3、3.1
fèi	肺	*phjad 去	肺	*pɔt D1L	5.1.4
fēn	分	*pjən 平	分成	*pən A1	2.1.1
fū	夫	*pjag 平	丈夫	*phue A1	5.1.1
fú	扶	*bjag 平	携带、带着	*ba A2	2.1.3
	拂	*phjət 入	刷掉、擦	*pət D1S	5.1.2
fù	父	*bjag 上	父亲	*bɔ B2	5.1.1
	妇	*bjəg 上	媳妇	*bəi C2	2.1.3
G					
拼音	汉字	上古音	台语意义	原始台语	章节
gān	竿	*kan 平	扁担	*ɣan A2	5.1.2
gǎn	秆	*kan 上	干、茎、叶柄	*kan C1	2.4.1
gàn	绀	*kəm 去	深色、紫色	*kləm B1	2.5.1
gāng	钢	*kang 平	钢	*xaŋ A1	2.4.6
gào	告	*kəgw 去	告诉	*klau B1	2.5.1
gēng	羹	*krang 平	汤、肉汤	*kɛŋ A1	2.4.1、3.7
gōng	弓	*kjəngw 平	弓	*koŋ A1	2.4.1、3.6、4.2
gōu	钩	*kug 平	镰刀、钩子	*xɔ A1	2.4.6、3.9、4.4.4
gǔ	贾	*kag 上	贩卖	*ga C2	2.4.3
	盬	*kag 平	盐	*klĭo A1	2.5.1
guā	刮	*kwrat 入	刮、磨碎	*xut D1L	2.4.6
guān	关	*kwran 平	椽、门闩	*klɔn A1	2.5.1、3.9

续表

guǎng	广	*kwang 上	宽阔	*kwaŋ C1	2.6.1、3.8
guò	过	*kwar 去	多过、经过	*kwa B1	2.6.1、4.4.1
			H		
拼音	汉字	上古音	台语意义	原始台语	章节
hé	合	*kəp 入 （*gəp 入）	连接、羼合	*kəp D1S	2.4.1
	合	*kəp 入	连接、羼合	*kəp D1S	3.5
hóu	喉	*gug 平	咽喉、颈子	*ɣɔ A2	3.9、2.4.7、4.4.4
huà	话	*gwrad 去	说	*wa B2	2.1.6、4.4.3、6
huáng	潢	*gwang 平	水塘	*wəŋ A2	2.1.6
huǎng	晃	*gwang/ ɣwang 上	旋转	*gwaŋ C2	2.6.3
			J		
拼音	汉字	上古音	台语意义	原始台语	章节
jī	鸡	*kig 平	鸡	*kəi B1	5.1.3
jǐ	几	*kjəd 上	几个、多少	*ki C1	2.4.1、3.1、4.4.3
jiā	枷	*krag 平	枷	*ga A2	2.4.3
	葭	*grag 平	茅草	*ɣa A2	2.4.7
jiā	迦	*krag 平	绊住、卡住	*ga A2	2.4.3
jiā	夹	*kriap 入	拾起	*ki̯ep D1S	3.4、2.4.1
jià	嫁	*krag 去	嫁	*xa B1	2.4.6
	稼	*krag 去	稻秧	*kla C1	5.1.3
	价	*krag 去	价	*ga B2	2.4.3
jiǎn	脸	*kljiam 上	面颊	*kɛm C1	5.1.2
jiāng	姜	*kjang 平	姜	*xiŋ A1	2.4.6、3.1

续表

jiàng	匠	*dzjang 去	匠人	*jaŋ B2	2.3.5
jiāo	交	*kragw 平	缠绕	*kliəu A1	2.5.1、3.5
	胶	*krəgw 平	胶	*kau A1	2.4.1、4.4.5
jiǎo	绞	*kragw 上	缠绕、扭	*kiau C1	2.4.1、4.4.5
jié	结	*kit 入	扣、纽扣	*klet D1S	2.5.1、3.4
	鲫	*kit 入	鱼鳞	*klet D1S	2.5.1、3.4
jiě	解	*krig 上	解开	*kɛ C1	2.4.1、3.7
jiè	芥	*kriad 去	芥菜	*kat D1L	5.1.4
jìn	浸	*tsjəm 去	浸泡	*čum B1	2.3.3、3.3
	浸	*tsjəm 上	浸泡	*čum C1	2.3.3、3.3
jìng	胫	*ging 去	小腿、胫部	*ɣɛŋ B2	2.4.7
jiǔ	九	*kjəgw 上	九	*kəu C1	2.4.1、3.5
jiù	旧	*gwjəg 去	老、古老	*kəu B1	5.1.2
jǔ	举	*kjag 上	举起	*ku C1	2.4.1
jù	锯	*kjag 去	锯子	*kï B1	2.4.1、3.2、4.4.4
jué	掘	*gwjiət 入	挖、挖空	*xut D1L/D2S	2.4.6、3.3
	蕨	*kwjat 入	一种羊齿植物	*kuət D1L	2.4.1
K					
拼音	汉字	上古音	台语意义	原始台语	章节
kāi	开	*khəd 平	打开	*xəi A1	2.4.6、3.5、4.4.3
kàng	炕	*khang 去	用火烤干或烘热	*khaŋ B1	2.4.2、3.8
kāo	尻	*khagw 平 / 骹 *khragw 平	大腿、腿	*kha A1	2.4.2

续表

kè	客	*khrak 入	客人	*xɛk D1L	2.4.6、3.7
kēng	铿	*khring 平	牢固、坚硬	*khlɛŋ A1	2.5.2
	殸	*khring 平	囚	*khləŋ A1	2.5.2
kù	绔	*khwag 去	裤子	*xwa B1	2.6.5
kuàng	旷	*khwang 去	宽阔的	*khwaŋ B1	2.6.2
L					
拼音	汉字	上古音	台语意义	原始台语	章节
lài	癞	*lat<*rat 入	麻疹	*xrat D1S	2.5.4
lán	蓝	*glam 平	蓝靛	*gram A2	2.5.3
lǎn	嬾(懒)	*lan<*ran 上	懒惰	*gran C2	2.5.3
láng	蓈	*lang<*rang 平	玉米穗、稻穗	*ruïŋ A2	2.2.9
liǎo	了	*liagw 上	完成	*lɛu C2	2.2.7
lí	离	*ljiar 平	离开	*lïa A2	2.2.7、4.4.1
lì	詈	*ljar 去	责骂	*ʔda B1	5.1.2
liǎn	敛	*gljiam 去	掩蔽、堵塞	*grɔm B2	2.5.3
liè	劣(列)	*ljat 入	切断	*lit D2S	2.2.7
liù	六	*ljəkw<*rjəkw 入	六	*xrɔk D1S	2.5.4
lóu	楼	*lug<*rug 平	大房子	*xrɔ A1	2.5.4
lǒu	篓	*lug 上	鸡笼	*lau C2	2.2.7
lòu	漏	*lug<*rug 去	泄漏、漏的	*rue B2	2.2.9
lú	颅	*blag<*brag 平	额	*phl/rak D1L	5.1.4
lǚ	捋	*luat<*ruat 入	使分离、谷物从茎上剥下来	*rut D2L	2.2.9

续表

M					
拼音	汉字	上古音	台语意义	原始台语	章节
mǎ	马	*mrag 上	马	*ma C2	2.1.4、4.4.4
māo	猫	*mragw 平	猫	*mɛu A2	2.1.4、3.7、4.4.5
mào	帽	*məgw 去	帽子	*hmuek D1L	5.1.4
méng	蒙	*mung 平	遮盖、用草盖	*mwuŋ A2	2.1.4、3.3
miè	蠛	*miat 入	白蚁	*mɔt D2L	2.1.4、3.9
míng	螟	*ming 平	昆虫	*mlɛŋ A2	2.1.11
mò	墨	*mək 入	墨	*hmïk D1S	2.1.5、3.2
mǔ	母	*məg 上	母亲	*mɛ B2	5.1.1
N					
拼音	汉字	上古音	台语意义	原始台语	章节
nà	捺	*nuat 入	按摩、摩擦	*nuat D2L	2.2.5
niǎn	捻	*niəp 入	压紧	*nɛp D2L	2.2.5、3.7
niáng	娘	*nrjang 平	姑娘	*naŋ A2	2.2.5
niào	尿	*niagw 去	排尿、尿	*ňiəu B2	2.3.6、3.5、4.4.5
niē	揑	*nit 入	使紧	*hnɛt D1L	2.2.6
niè	镊	*njiap 入	镊子	*hnɛp D1L	2.2.6、3.7
niú	牛	*ngwjəg 平	公牛、母牛	*ŋwue A2	2.6.4
niù	拗	*ʔragw 上	扭、扭断	*ʔi̯au C1	2.7.1
nóng	脓	*nəngw 平	脓	*hnɔŋ A1	2.2.6、3.9、4.2
nǔ	弩	*nag 上	弩	*hna C1	2.2.6
O					
拼音	汉字	上古音	台语意义	原始台语	章节
ǒu	藕	*ŋug 上	藕	*ŋəu C2	2.4.4、4.4.4

续表

P					
拼音	汉字	上古音	台语意义	原始台语	章节
pái	排	*brəd 平	木排	*bɛ A2	5.2
pān	攀	*phran 平	卷、捻	*phən A1	2.1.2
pán	盘	*ban 平	花瓶、盘子	*ban A2	2.1.3
péng	蓬	*bung 平	束、捆	*buŋ A2	2.1.3、3.3
	膨	*brang 平	膨胀	*bɔŋ A2	2.1.3、3.9
piàn	片	*phjan 去	片（量词）	*phjɛn B1	2.1.2
piě	丿	*phit 入	错误	*phit D1S	2.1.2、3.1
pò	破	*phar 去	劈	*pha B1	2.1.2、4.4.1
pú	璞	*phruk 入	石头	*phra A1	5.1.3
Q					
拼音	汉字	上古音	台语意义	原始台语	章节
qī	七	*tshjit 入	七	*čet/čhet D1S	2.3.3
qí	耆	*gjid 平	老、年老	*kɛ B1	5.1.2
qián	前	*dzian 平	前天	*zïn A2	2.3.2
	钳	*gjam 平	火钳	*giəm A2	2.4.3
qiào	擎	*khik 入	用手指敲	*khek D1S	2.4.2、2.5.2
qū	屈	*khwjət 入	盘绕（弯曲）	*khuot D1S	2.4.2、3.6
qué	瘸	*gwjar 平	瘸	*gwɛ A2	2.6.3、4.4.1
què	雀	*tsjakw 入	麻雀	*čɔk D1L	2.3.3、3.9、4.3
R					
拼音	汉字	上古音	台语意义	原始台语	章节
rǎn	染	*njiam 上	染色	*ňɔm C2	2.3.6、3.9
ráng	瓤	*njang 平	瓤	*ňueŋ A2	2.3.6
rè	热	*njat 入	热	*ʔdïat D1L	2.2.4
réng	仍	*njəng 平	仍旧	*ňəŋ A2	2.3.6

续表

rì	日	*njit 入	阳光	*ʔdɛt D1L	2.2.4
ruò	弱	*njak 入	小孩	*ʔdek D1S	2.2.4
			S		
拼音	汉字	上古音	台语意义	原始台语	章节
sān	三	*səm 平	三	*sam A1	2.3.1、3.8
sàn	散	*san 去	散	*san B1	2.3.1
shí	十	*djəp 入	十	*sip D1S	5.1.2
	识	*sthjək 入	认识、知道	*čək D1S	5.1.2
shì	市	*djəg 上	买	*zï C2	5.1.2
shū	书	*sthjag 平	字、书	*sï A1	5.1.2
shú	熟	*djəkw 入	熟、煮过的	*suk D1S	5.1.2
sì	四	*sjid 去	四	*si B1	2.3.1、3.1、4.4.3
sōng	嵩	*sung 平	高	*suŋ A1	2.3.1、3.3
sòng	送	*sung 去	送、处理	*soŋ B1	2.3.1
sù	诉	*sag 去	表示、告诉	*sɔ B1	2.3.1、4.4.4
			T		
拼音	汉字	上古音	台语意义	原始台语	章节
tán	潭	*dəm 平	池塘	*thom A1/A2	2.2.2、3.6
tàn	炭	*than 去	炭	*than B1	2.2.2、3.8
táng	糖	*dang 平	糖	*thïŋ A1/A2	5.2
tè	特	*dək 入	小的雄兽	*thïk D1S/D2S	2.2.2
tí	提	*dig 平	拿	*thï A1/A2	2.2.2、4.4.4
tiě	铁	*thit 入	铁	*hlek D1S	5.1.4
tóng	铜	*dung 平	铜	*dɔŋ A2	2.2.3、3.9
tú	涂	*dag 平	涂抹	*da A2	2.2.3、4.4.4

续表

tuì	退	*thəd 去	退	*thɔi A1/B1	2.2.2、4.4.3
tuō	脱	*duat 入	脱掉	*thɔt D1L	2.2.2、3.8
	脱	*thuat 入	脱落	*hluot D1L	2.2.8
tuò	榜(柝)	*thak 入	桩、柱	*hlək D1S	2.2.8
tuò	擇	*thak 入	树皮	*plïak D1L	2.1.8
		W			
拼音	汉字	上古音	台语意义	原始台语	章节
wāi	竵(歪)	*hwrig 平	摇动	*hwəi A1	2.1.7、4.4.4
wàn	万	*mjan 去	万	*hmïn B1	2.1.5、3.2
wū	巫	*mjag 平	男巫、医生	*hmɔ A1	2.1.5、3.9
	乌	*ʔag 平	乌鸦	*ka/ʔa A1	2.7.1
wǔ	五	*ŋag 上	五	*hŋa C1	2.4.5
wù	雾	*mjəgw 去	雾	*hmɔk D1L	5.1.4
		X			
拼音	汉字	上古音	台语意义	原始台语	章节
xiān	铦	*sjiam 平	铲子	*siem A1	2.3.1、3.4
xián	咸	*grəm 平	咸	*gem A2	2.4.3
xīn	歆	*hjam 平	香气	*hɔm A1	2.7.2
		Y			
拼音	汉字	上古音	台语意义	原始台语	章节
yá	牙	*ŋrag 平	獠牙、象牙	*ŋa A2	2.4.4
yàn	雁	*ŋran 去	鹅	*hŋan B1	2.4.5
	燕	*ʔian 去	燕子	*ʔɛn B1	2.7.1、3.7
	餍	*ʔjam 去	满、饱了	*ʔim B1	2.7.1、3.1
yī	一	*ʔjit 入	一	*ʔi̯et D1S	2.7.1
	医	*ʔjəg 平	药	*ʔja A1	2.7.1、4.4.4
yín	银	*ŋjiən 平	银	*ŋïn A2	2.4.4

续表

yóu	油	*rəgw <*ləgw 平	猪油、脂肪	*lauA2	2.2.7
yú	余	*rag 平	咱们俩	*ra A2	2.2.9
	餘	*rag 平	剩余、盈余	*hlïaA1	5.1.2
	窬	*rjag 平	洞	*ru A2	2.2.9
Z					
拼音	汉字	上古音	台语意义	原始台语	章节
zào	擂	*dzəgw 去	打、敲	*zəu B2	2.3.2、4.4.5
zēng	憎	*tsəng 平	厌、憎恶	*jəŋ A2	5.1.2
zhá	闸	*ʔrap 入	关、掩蔽	*ʔu̯op D1L	2.7.1
zhǎn	盏、琖	*tsrian 上	碟子、杯子	*čan C1	2.3.3
zhú	竹	*trjəkw 入	竹篾	*pru̯ɔk D1L	2.1.9、4.3
zhù	箸	*drjag 去	筷子	*thi̯u B1/B2	2.2.2、3.2
	筑	*trjəkw 入	钉进	*tɔk D1L	2.2.1、3.9

附录二：同源词谱原始台语词汇索引

A					
拼音	台语意义	原始台语	汉字	上古音	章节
àn	按摩、摩擦	*nuat D2L	捺	*nuat 入	2.2.5
B					
拼音	台语意义	原始台语	汉字	上古音	章节
bā	八	*pjɛt D1L	八	*prit 入	2.1.1、3.7
bái	白色	*phrïek D1L	白	*brak 入	5.1.2
	白蚁	*mɔt D2L	蠛	*miat 入	2.1.4、3.9
bǎi	百	*pak D1L	百	*prak 入	2.1.1
bàn	绊住、卡住	*ga A2	迦	*krag 平	2.4.3
bào	报告	*pau B1	报	*pəgw 去	2.1.1
	刨子	*bau A2	刨	*brəgw 平	2.1.3、4.4.5
bèi	被征服	*bai B2	败	*brad 去	2.1.3、4.4.3
biǎn	扁担	*ɣan A2	竿	*kan 平	5.1.2
biàn	变	*plian B1	变	*pljian 去	2.1.8
biǎo	表示、告诉	*sɔ B1	诉	*sag 去	2.3.1、4.4.4
bǐng	饼	*pjɛŋ C1	饼	*pjing 上	2.1.1
C					
拼音	台语意义	原始台语	汉字	上古音	章节
cǎo	草地、旷野	*pa B1	坝	*prag 去	2.1.1
chá	茶	*ǰa A2	茶	*drag 平	2.3.5

续表

chán	缠绕	*kliəu A1	交	*kragw 平	2.5.1、3.5
	缠绕、扭	*kiau C1	绞	*kragw 上	2.4.1、4.4.5
chǎn	铲子	*siem A1	铦	*sjiam 平	2.3.1、3.4
chèng	称（秤）	*ǰəŋ B2	称	*thjəng 去	5.1.2
chí	池塘	*thom A1/A2	潭	*dəm 平	2.2.2、3.6
chuán	椽、门闩	*klɔn A1	关	*kwran 平	2.5.1、3.9
cuò	错误	*phit D1S	丿	*phit 入	2.1.2、3.1
D					
拼音	台语意义	原始台语	汉字	上古音	章节
dǎ	打、敲	*zəu B2	撍	*dzəgw 去	2.3.2、4.4.5
	打开	*xəi A1	开	*khəd 平	2.4.6、3.5、4.4.3
dà	大房子	*xrɔ A1	楼	*lug<*rug 平	2.5.4
	大腿、腿	*kha A1	尻	*khagw 平 / 骹 *khragw 平	2.4.2
dān	单一、独	*dɔk D2	独	*duk 入	2.2.3、3.9
dào	稻秧	*kla C1	稼	*krag 去	5.1.3
dèng	凳子	*təŋ B1	凳	*təŋ 去	2.2.1、3.5
dié	碟子、杯子	*čan C1	盏、琖	*tsrian 上	2.3.3
dìng	钉进	*tɔk D1L	筑	*trjəkw 入	2.2.1、3.9
diū	丢弃、扔	*dɔt D2L	夺	*duat 入	2.2.3、3.9
dòu	豆子	*thue B1/B2	豆	*dug 去	2.2.2、4.4.4
dòng	洞	*ru A2	窬	*rjag 平	2.2.9
duō	多过、经过	*kwa B1	过	*kwar 去	2.6.1、4.4.1
E					
拼音	台语意义	原始台语	汉字	上古音	章节
é	鹅	*hŋan B1	雁	*ŋran 去	2.4.5

续表

	额	*phl/rak D1L	颅	*blag< *brag 平	5.1.4
è	轭	*ʔɛk D1L	轭	*ʔrik 入	2.7.1、3.7
èr	二	*ňi B2	二	*njid 去	2.3.6、3.1、4.4.3
F					
拼音	台语意义	原始台语	汉字	上古音	章节
fā	发芽、芽	*ŋɔk D2L	萼	*ŋak 入	2.4.4
fàn	贩卖	*ga C2	贾	*kag 上	2.4.3
féi	肥胖	*bi A2	肥	*bjəd 平	2.1.3、3.1
fèi	肺	*pɔt D1L	肺	*phjad 去	5.1.4
fēn	分成	*pən A1	分	*pjən 平	2.1.1
fù	父亲	*bɔ B2	父	*bjag 上	5.1.1
	覆盖	*pok D1S	保	*pəgw 上	5.1.4
G					
拼音	台语意义	原始台语	汉字	上古音	章节
gàn	干、茎、叶柄	*kan C1	秆	*kan 上	2.4.1
gāng	钢	*xaŋ A1	钢	*kang 平	2.4.6
gāo	高	*suŋ A1	嵩	*sung 平	2.3.1、3.3
gào	告诉	*klau B1	告	*kəgw 去	2.5.1
gōng	弓	*koŋ A1	弓	*kjəngw 平	2.4.1、3.6、4.2
	公牛、母牛	*ŋwue A2	牛	*ngwjəg 平	2.6.4
gū	姑娘	*naŋ A2	娘	*nrjang 平	2.2.5
gǔ	谷仓	*čhaŋ A1	仓	*tshang 平	2.3.4
guā	刮、磨碎	*xut D1L	刮	*kwrat 入	2.4.6
guān	关、掩蔽	*ʔu̯op D1L	闸	*ʔrap 入	2.7.1

续表

H					
拼音	台语意义	原始台语	汉字	上古音	章节
huā	花瓶、盘子	*ban A2	盘	*ban 平	2.1.3
huí	回答	*tɔp D1L	答	*təp 入	2.2.1、3.9
huǒ	火钳	*giəm A2	钳	*gjam 平	2.4.3
J					
拼音	台语意义	原始台语	汉字	上古音	章节
jī	鸡	*kəi B1	鸡	*kig 平	5.1.3
	鸡笼	*lau C2	篓	*lug 上	2.2.7
jǐ	几个、多少	*ki C1	几	*kjəd 上	2.4.1、3.1、4.4.3
jiā	枷	*ga A2	枷	*krag 平	2.4.3
jià	嫁	*xa B1	嫁	*krag 去	2.4.6
	价	*ga B2	价	*krag 去	2.4.3
jiāng	姜	*xiŋ A1	姜	*kjang 平	2.4.6、3.1
jiàng	匠人	*ǰaŋ B2	匠	*dzjang 去	2.3.5
jiāo	胶	*kau A1	胶	*krəgw 平	2.4.1、4.4.5
jiě	解开	*kɛ C1	解	*krig 上	2.4.1、3.7
jiè	芥菜	*kat D1L	芥	*kriad 去	5.1.4
jìn	浸泡	*čum B1	浸	*tsjəm 去	2.3.3、3.3
	浸泡	*čum C1	浸	*tsjəm 上	2.3.3、3.3
jiǔ	九	*kəu C1	九	*kjəgw 上	2.4.1、3.5
jǔ	举起	*ku C1	举	*kjag 上	2.4.1
jù	锯子	*kï B1	锯	*kjag 去	2.4.1、3.2、4.4.4
juǎn	卷、捻	*phən A1	攀	*phran 平	2.1.2

续表

K					
拼音	台语意义	原始台语	汉字	上古音	章节
kè	客人	*xɛk D1L	客	*khrak 入	2.4.6、3.7
kòu	扣、纽扣	*klet D1S	结	*kit 入	2.5.1、3.4
kù	裤子	*xwa B1	绔	*khwag 去	2.6.5
kuài	筷子	*thi̯u B1/B2	箸	*drjag 去	2.2.2、3.2
kuān	宽阔	*kwaŋ C1	广	*kwang 上	2.6.1、3.8、6
	宽阔的	*khwaŋ B1	旷	*khwang 去	2.6.2
kūn	昆虫	*mlɛŋ A2	螟	*ming 平	2.1.11
L					
拼音	台语意义	原始台语	汉字	上古音	章节
lán	蓝靛	*gram A2	蓝	*glam 平	2.5.3
lǎn	懒惰	*gran C2	嬾（懒）	*lan<*ran 上	2.5.3
láo	牢固、坚硬	*khlɛŋ A1	铿	*khring 平	2.5.2
lǎo	老、古老	*kəu B1	旧	*gwjəg 去	5.1.2
	老、年老	*kɛ B1	耆	*gjid 平	5.1.2
lí	离开	*lïa A2	离	*ljiar 平	2.2.7、4.4.1
lián	连接、羼合	*kəp D1S	合	*kəp 入（*gəp 入）	2.4.1
	连接、羼合	*kəp D1S	合	*kəp 入	3.5
lián	镰刀、钩子	*xɔ A1	钩	*kug 平	2.4.6、3.9、4.4.4
liáo	獠牙、象牙	*ŋa A2	牙	*ŋrag 平	2.4.4
liè	裂开	*prɛk D1L	㨭（拆）	*thrak 入	2.1.9
liù	六	*xrɔk D1S	六	*ljəkw<*rjəkw 入	2.5.4
luò	落	*tok D1S	滴	*tik 入	2.2.1

续表

M					
拼音	台语意义	原始台语	汉字	上古音	章节
má	麻雀	*čɔk D1L	雀	*tsjakw 入	2.3.3、3.9、4.3
	麻疹	*xrat D1S	癞	*lat<*rat 入	2.5.4
mǎ	马	*ma C2	马	*mrag 上	2.1.4、4.4.4
	马鞍	*ʔan A1	鞍	*ʔan 平	2.7.1
	码头	*da B2	渡	*dag 去	2.2.3
mǎi	买	*zï C2	市	*djəg 上	5.1.2
mǎn	满、饱了	*ʔim B1	餍	*ʔjam 去	2.7.1、3.1
māo	猫	*mɛu A2	猫	*mragw 平	2.1.4、3.7、4.4.5
máo	茅草	*ɣa A2	葭	*grag 平	2.4.7
mào	帽子	*hmuek D1L	帽	*məgw 去	5.1.4
miàn	面颊	*kɛm C1	睑	*kljiam 上	5.1.2
mò	墨	*hmïk D1S	墨	*mək 入	2.1.5、3.2
mǔ	母亲	*mɛ B2	母	*məg 上	5.1.1
mù	木板	*pɛn C1	板	*pran 上	2.1.1、3.7
	木排	*bɛ A2	排	*brəd 平	5.2
N					
拼音	台语意义	原始台语	汉字	上古音	章节
ná	拿	*thï A1/A2	提	*dig 平	2.2.2、4.4.4
nán	男巫、医生	*hmɔ A1	巫	*mjag 平	2.1.5、3.9
náng	囊、袋	*da B2	袋	*dəg 去	2.2.3、4.4.4
niè	镊子	*hnɛp D1L	镊	*njiap 入	2.2.6、3.7
niǔ	扭、扭断	*ʔi̯au C1	拗	*ʔragw 上	2.7.1
nóng	脓	*hnɔŋ A1	脓	*nəngw 平	2.2.6、3.9、4.2

续表

nǔ	弩	*hna C1	弩	*nag 上	2.2.6
O					
拼音	台语意义	原始台语	汉字	上古音	章节
ǒu	藕	*ŋəu C2	藕	*ŋug 上	2.4.4、4.4.4
P					
拼音	台语意义	原始台语	汉字	上古音	章节
pāi	拍手	*top D1S	搭	*təp 入	2.2.1、3.6
pái	排尿、尿	*ňiəu B2	尿	*niagw 去	2.3.6、3.5、4.4.5
pán	盘绕（弯曲）	*khu̯ot D1S	屈	*khwjət 入	2.4.2、3.6
péng	膨胀	*bɔŋ A2	膨	*brang 平	2.1.3、3.9
pī	劈	*pha B1	破	*phar 去	2.1.2、4.4.1
piàn	片（量词）	*phjɛn B1	片	*phjan 去	2.1.2
	片段	*dɔn B2	段	*duan 去	2.2.3、3.9
pò	破开	*phlɛk D1L	㡿	*thrak 入	2.1.10
Q					
拼音	台语意义	原始台语	汉字	上古音	章节
qī	七	*čet/čhet D1S	七	*tshjit 入	2.3.3
qián	前天	*zïn A2	前	*dzian 平	2.3.2
qiē	切断	*lit D2S	刿（列）	*ljat 入	2.2.7
qiú	囚	*khləŋ A1	殸	*khring 平	2.5.2
qué	瘸	*gwɛ A2	瘸	*gwjar 平	2.6.3、4.4.1
qún	群组	*duai B2	队	*dəd 去	2.2.3
R					
拼音	台语意义	原始台语	汉字	上古音	章节
rǎn	染色	*ňom C2	染	*njiam 上	2.3.6、3.9
ráng	瓤	*ňueŋ A2	瓤	*njang 平	2.3.6

续表

rè	热	*ʔdïat D1L	热	*njat 入	2.2.4
rèn	认识、知道	*čək D1S	识	*sthjək 入	5.1.2
réng	仍旧	*ňəŋ A2	仍	*njəng 平	2.3.6
S					
拼音	台语意义	原始台语	汉字	上古音	章节
sān	三	*sam A1	三	*səm 平	2.3.1、3.8、6
sàn	散	*san B1	散	*san 去	2.3.1
shēn	深色、紫色	*kləm B1	绀	*kəm 去	2.5.1
shèng	剩余、盈余	*hlïaA1	餘	*rag 平	5.1.2
shī	湿	*dum A2	澹	*dam 平	2.2.3
shí	十	*sip D1S	十	*djəp 入	5.1.2
	石头	*phra A1	璞	*phruk 入	5.1.3
	拾起	*ki̯ep D1S	夹	*kriap 入	3.4、2.4.1
shǐ	使分离、谷物从茎上剥下来	*rut D2L	捋	*luat< *ruat 入	2.2.9
	使紧	*hnɛt D1L	捏	*nit 入	2.2.6
shú	熟、煮过的	*suk D1S	熟	*djəkw 入	5.1.2
shù	束、捆	*buŋ A2	蓬	*bung 平	2.1.3、3.3
	树皮	*plïak D1L	檡	*thak 入	2.1.8
shuā	刷掉、擦	*pət D1S	拂	*phjət 入	5.1.2
shuǐ	水怪、龙	*ŋïek D2L	蛢（蚒）	*ŋak 入	2.4.4
	水塘	*wəŋ A2	潢	*gwang 平	2.1.6
shuō	说	*wa B2	话	*gwrad 去	2.1.6、4.4.3
sì	四	*si B1	四	*sjid 去	2.3.1、3.1、4.4.3

续表

sōng	松松的笼子	*zɔŋ A2	籦	*dzung 平	2.3.2
sòng	送、处理	*soŋ B1	送	*sung 去	2.3.1
T					
拼音	台语意义	原始台语	汉字	上古音	章节
tàn	炭	*than B1	炭	*than 去	2.2.2、3.8
tāng	汤、肉汤	*kɛŋ A1	羹	*krang 平	2.4.1、3.7
táng	糖	*thïŋ A1/A2	糖	*dang 平	5.2
tiě	铁	*hlek D1S	铁	*thit 入	5.1.4
tíng	停	*bak D2S	泊	*bak 入	2.1.3、3.8
tóng	铜	*dɔŋ A2	铜	*dung 平	2.2.3、3.9
tú	涂抹	*da A2	涂	*dag 平	2.2.3、4.4.4
tuì	退	*thɔi A1/B1	退	*thəd 去	2.2.2、4.4.3
tuō	脱掉	*thɔt D1L	脱	*duat 入	2.2.2、3.8、6
	脱落	*hluot D1L	脱	*thuat 入	2.2.8
W					
拼音	台语意义	原始台语	汉字	上古音	章节
wā	挖、挖空	*xut D1L/D2S	掘	*gwjiət 入	2.4.6、3.3、6
wán	完成	*lɛu C2	了	*liagw 上	2.2.7
wàn	万	*hmïn B1	万	*mjan 去	2.1.5、3.2
wū	乌鸦	*ka/ʔa A1	乌	*ʔag 平	2.7.1
wǔ	五	*hŋa C1	五	*ŋag 上	2.4.5
wù	雾	*hmɔk D1L	雾	*mjəgw 去	5.1.4
X					
拼音	台语意义	原始台语	汉字	上古音	章节
xí	媳妇	*bəi C2	妇	*bjəg 上	2.1.3

续表

xián	咸	*gem A2	咸	*grəm 平	2.4.3
xiāng	香气	*hɔm A1	歆	*hjam 平	2.7.2
xiǎo	小的雄兽	*thïk D1S/D2S	特	*dək 入	2.2.2
	小孩	*ʔdek D1S	弱	*njak 入	2.2.4
	小腿、胫部	*ɣeŋ B2	胫	*ging 去	2.4.7
xié	携带、带着	*ba A2	扶	*bjag 平	2.1.3
xiè	泄漏、漏的	*rue B2	漏	*lug<*rug 去	2.2.9
xuán	旋转	*gwaŋ C2	晃	*gwang/ ɣwang 上	2.6.3
xiāo	削皮	*pɔk D1L	剥	*pruk 入	2.1.1
Y					
拼音	台语意义	原始台语	汉字	上古音	章节
yā	压紧	*nεp D2L	捻	*niəp 入	2.2.5、3.7
yá	牙齿	*xiau C1	齿	*khrjəg 上	2.4.6、4.4.4
	牙龈、上颚	*hŋïak D1L	颚	*ŋak 入	2.4.5
yān	咽喉、颈子	*ɣɔ A2	喉	*gug 平	3.9、2.4.7、4.4.4
yán	盐	*klïo A1	鹽	*kag 平	2.5.1
yǎn	掩蔽、堵塞	*grɔm B2	敛	*gljiam 去	2.5.3
yàn	厌、憎恶	*jəŋ A2	憎	*tsəng 平	5.1.2
	燕子	*ʔεn B1	燕	*ʔian 去	2.7.1、3.7
yáng	阳光	*ʔdεt D1L	日	*njit 入	2.2.4
yáo	摇动	*hwəi A1	竵（歪）	*hwrig 平	2.1.7、4.4.4
yào	药	*ʔja A1	医	*ʔjəg 平	2.7.1、4.4.4
yī	一	*ʔi̯et D1S	一	*ʔjit 入	2.7.1
	一种羊齿植物	*kuət D1L	蕨	*kwjat 入	2.4.1

续表

yín	银	*ŋïn A2	银	*ŋjiən 平	2.4.4
yòng	用火烤干或烘热	*khaŋ B1	炕	*khang 去	2.4.2、3.8
	用手指敲	*khek D1S	擎	*khik 入	2.4.2、2.5.2
yú	鱼鳞	*klet D1S	鮚	*kit 入	2.5.1、3.4
yù	玉米穗、稻穗	*ruïŋ A2	蓢	*lang< *rang 平	2.2.9
Z					
拼音	台语意义	原始台语	汉字	上古音	章节
zán	咱们俩	*ra A2	余	*rag 平	2.2.9
zé	责骂	*ʔda B1	詈	*ljar 去	5.1.2
zhàng	丈夫	*phue A1	夫	*pjag 平	5.1.1
zhē	遮盖、用草盖	*mwuŋ A2	蒙	*mung 平	2.1.4、3.3
zhū	猪油、脂肪	*lauA2	油	*rəgw< *ləgw 平	2.2.7
zhú	竹篾	*pru̯ək D1L	竹	*trjəkw 入	2.1.9、4.3
zhuāng	桩、柱	*hlək D1S	榜（柝）	*thak 入	2.2.8
zì	字、书	*sï A1	书	*sthjag 平	5.1.2

附录三：同源词谱英语词汇索引

A					
英文词汇	台语意义	原始台语	汉字	上古音	章节
announce, report	报告	*pau B1	报	*pəgw 去	2.1.1
answer	回答	*tɔp D1L	答	*təp 入	2.2.1、3.9
artisan, skillful	匠人	*jaŋ B2	匠	*dzjang 去	2.3.5
B					
英文词汇	台语意义	原始台语	汉字	上古音	章节
bamboo strip	竹篾	*pru̯ɔk D1L	竹	*trjəkw 入	2.1.9、4.3
bark, shell	树皮	*plïak D1L	蘀	*thak 入	2.1.8
bean, pea	豆子	*thue B1/B2	豆	*dug 去	2.2.2、4.4.4
beat, knock	打、敲	*zəu B2	撍	*dzəgw 去	2.3.2、4.4.5
bow, to card cotton with a bow	弓	*koŋ A1	弓	*kjəngw 平	2.4.1、3.6、4.2
break	裂开	*prɛk D1L	㩮（坼）	*thrak 入	2.1.9
brush off, wipe, sweep	刷掉、擦	*pət D1S	拂	*phjət 入	5.1.2
bud forth, a sprout	发芽、芽	*ŋɔk D2L	蕚	*ŋak 入	2.4.4
bunch,bundle	束、捆	*buŋ A2	蓬	*bung 平	2.1.3、3.3

续表

button,to button	扣、纽扣	*klet D1S	结	*kit 入	2.5.1、3.4
buy	买	*zï C2	市	*djəg 上	5.1.2
C					
英文词汇	台语意义	原始台语	汉字	上古音	章节
cangue	枷	*ga A2	枷	*krag 平	2.4.3
carry , take along	携带、带着	*ba A2	扶	*bjag 平	2.1.3
cat	猫	*mɛu A2	猫	*mragw 平	2.1.4、3.7、4.4.5
change	变	*plian B1	变	*pljian 去	2.1.8
charcoal	炭	*than B1	炭	*than 去	2.2.2、3.8
cheek	面颊	*kɛm C1	脸	*kljiam 上	5.1.2
chicken	鸡	*kəi B1	鸡	*kig 平	5.1.3
child	小孩	*ʔdek D1S	弱	*njak 入	2.2.4
chopsticks	筷子	*thi̯u B1/B2	箸	*drjag 去	2.2.2、3.2
classifier of boards	片（量词）	*phjɛn B1	片	*phjan 去	2.1.2
coil, coiled up, a coil	盘绕（弯曲）	*khu̯ot D1S	屈	*khwjət 入	2.4.2、3.6
conquered, defeated	被征服	*bai B2	败	*brad 去	2.1.3、4.4.3
copper	铜	*dɔŋ A2	铜	*dung 平	2.2.3、3.9
cover	覆盖	*pok D1S	保	*pəgw 上	5.1.4
cover with a roof ,thatch	遮盖、用草盖	*mwuŋ A2	蒙	*mung 平	2.1.4、3.3
crossbow	弩	*hna C1	弩	*nag 上	2.2.6
crow	乌鸦	*ka/ʔa A1	乌	*ʔag 平	2.7.1
cut off, trim	切断	*lit D2S	㓠（列）	*ljat 入	2.2.7

续表

D					
英文词汇	台语意义	原始台语	汉字	上古音	章节
dark (red) color, purple	深色、紫色	*kləm B1	绀	*kəm 去	2.5.1
daughter-in-law, bride	媳妇	*bəi C2	妇	*bjəg 上	2.1.3
day before yesterday	前天	*zïn A2	前	*dzian 平	2.3.2
deep pool, whirlpool	水塘	*wəŋ A2	潢	*gwang 平	2.1.6
dig, hollow out	挖、挖空	*xut D1L/ D2S	掘	*gwjiət 入	2.4.6、3.3
dip into	浸泡	*čum B1	浸	*tsjəm 去	2.3.3、3.3
dip into	浸泡	*čum C1	浸	*tsjəm 上	2.3.3、3.3、6
divide into shares	分成	*pən A1	分	*pjən 平	2.1.1
dry or heat by fire	用火烤干或烘热	*khaŋ B1	炕	*khang 去	2.4.2、3.8
dye	染色	*ňəm C2	染	*njiam 上	2.3.6、3.9

E					
英文词汇	台语意义	原始台语	汉字	上古音	章节
ear of corn, paddy	玉米穗、稻穗	*ruïŋ A2	蓈	*lang< *rang 平	2.2.9
eight	八	*pjɛt D1L	八	*prit 入	2.1.1、3.7
enclosure, chicken coop	鸡笼	*lau C2	篓	*lug 上	2.2.7

续表

F					
英文词汇	台语意义	原始台语	汉字	上古音	章节
fall	落	*tok D1S	滴	*tik 入	2.2.1
fat	肥胖	*bi A2	肥	*bjəd 平	2.1.3、3.1
father	父亲	*bɔ B2	父	*bjag 上	5.1.1
finished	完成	*lɛu C2	了	*liagw 上	2.2.7
fish scales	鱼鳞	*klet D1S	鍘	*kit 入	2.5.1、3.4
five	五	*hŋa C1	五	*ŋag 上	2.4.5
flat, board	木板	*pɛn C1	板	*pran 上	2.1.1、3.7
flour, cake	饼	*pjɛŋ C1	饼	*pjing 上	2.1.1
fog	雾	*hmɔk D1L	雾	*mjəgw 去	5.1.4
forehead	额	*phl/rak D1L	颅	*blag< *brag 平	5.1.4
four	四	*si B1	四	*sjid 去	2.3.1、3.1、4.4.3
fragrant	香气	*hɔm A1	歆	*hjam 平	2.7.2
full, satiated	满、饱了	*ʔim B1	餍	*ʔjam 去	2.7.1、3.1
G					
英文词汇	台语意义	原始台语	汉字	上古音	章节
get caught, stuck	绊住、卡住	*ga A2	迦	*krag 平	2.4.3
ginger	姜	*xiŋ A1	姜	*kjang 平	2.4.6、3.1
give a daughter in marriage	嫁	*xa B1	嫁	*krag 去	2.4.6
glue	胶	*kau A1	胶	*krəgw 平	2.4.1、4.4.5
goose	鹅	*hŋan B1	雁	*ŋran 去	2.4.5
granary	谷仓	*čhaŋ A1	仓	*tshang 平	2.3.4
group, crowd	群组	*duai B2	队	*dəd 去	2.2.3

续表

guest, stranger	客人	*xɛk D1L	客	*khrak 入	2.4.6、3.7
gum（tooth）, palate	牙龈、上颚	*hŋïak D1L	颚	*ŋak 入	2.4.5
H					
英文词汇	台语意义	原始台语	汉字	上古音	章节
hammer in	钉进	*tɔk D1L	筑	*trjəkw 入	2.2.1、3.9
hat	帽子	*hmuek D1L	帽	*məgw 去	5.1.4
hate, detest	厌、憎恶	*ǰəŋ A2	憎	*tsəng 平	5.1.2
high	高	*suŋ A1	嵩	*sung 平	2.3.1、3.3
hit with a finger	用手指敲	*khek D1S	擊	*khik 入	2.4.2、2.5.2
hold	拿	*thï A1/A2	提	*dig 平	2.2.2、4.4.4
hole	洞	*ru A2	窬	*rjag 平	2.2.9
horse	马	*ma C2	马	*mrag 上	2.1.4、4.4.4
hot	热	*ʔdïat D1L	热	*njat 入	2.2.4
hundred	百	*pak D1L	百	*prak 入	2.1.1
husband	丈夫	*phue A1	夫	*pjag 平	5.1.1
I					
英文词汇	台语意义	原始台语	汉字	上古音	章节
imprison	囚	*khləŋ A1	殸	*khring 平	2.5.2
indicate, tell	表示、告诉	*sɔ B1	诉	*sag 去	2.3.1、4.4.4
indigo	蓝靛	*gram A2	蓝	*glam 平	2.5.3
ink	墨	*hmïk D1S	墨	*mək 入	2.1.5、3.2
insect	昆虫	*mlɛŋ A2	螟	*ming 平	2.1.11
iron	铁	*hlek D1S	铁	*thit 入	5.1.4
J					
英文词汇	台语意义	原始台语	汉字	上古音	章节
join together with	连接、靡合	*kəp D1S	合	*kəp 入（*gəp 入）	2.4.1

续表

join together with	连接、羼合	*kəp D1S	合	*kəp 入	3.5
K					
英文词汇	台语意义	原始台语	汉字	上古音	章节
kind of edible fern	一种羊齿植物	*kuət D1L	蕨	*kwjat 入	2.4.1
L					
英文词汇	台语意义	原始台语	汉字	上古音	章节
lady, woman	姑娘	*naŋ A2	娘	*nrjang 平	2.2.5
lame	瘸	*gwɛ A2	瘸	*gwjar 平	2.6.3、4.4.1
large building, hall	大房子	*xrɔ A1	楼	*lug<*rug 平	2.5.4
lazy	懒惰	*gran C2	嬾（懒）	*lan<*ran 上	2.5.3
leak, leaky	泄漏、漏的	*rue B2	漏	*lug<*rug 去	2.2.9
leave	离开	*lïa A2	离	*ljiar 平	2.2.7、4.4.1
left over,surplus	剩余、盈余	*hlïaA1	餘	*rag 平	5.1.2
loosely woven basket	松松的笼子	*zɔŋ A2	簝	*dzung 平	2.3.2
lotus root	藕	*ŋəu C2	藕	*ŋug 上	2.4.4、4.4.4
lower leg, shin	小腿、胫部	*ɣɛŋ B2	胫	*ging 去	2.4.7
lung	肺	*pɔt D1L	肺	*phjad 去	5.1.4
M					
英文词汇	台语意义	原始台语	汉字	上古音	章节
medicine	药	*ʔja A1	医	*ʔjəg 平	2.7.1、4.4.4

续表

massage, rub	按摩、摩擦	*nuat D2L	捺	*nuat 入	2.2.5
meadow, wilderness	草地、旷野	*pa B1	坝	*prag 去	2.1.1
more than, to pass by	多过、经过	*kwa B1	过	*kwar 去	2.6.1、4.4.1
mother	母亲	*mɛ B2	母	*məg 上	5.1.1
mustard plant	芥菜	*kat D1L	芥	*kriad 去	5.1.4
mythological sea monster, dragon	水怪、龙	*ŋïek D2L	蛢（蝉）	*ŋak 入	2.4.4
		N			
英文词汇	台语意义	原始台语	汉字	上古音	章节
nine	九	*kəu C1	九	*kjəgw 上	2.4.1、3.5
		O			
英文词汇	台语意义	原始台语	汉字	上古音	章节
old, aged	老、年老	*kɛ B1	耆	*gjid 平	5.1.2
old, ancient	老、古老	*kəu B1	旧	*gwjəg 去	5.1.2
one	一	*ʔi̯et D1S	一	*ʔjit 入	2.7.1
open	打开	*xəi A1	开	*khəd 平	2.4.6、3.5、4.4.3
ox,cow	公牛、母牛	*ŋwue A2	牛	*ngwjəg 平	2.6.4
		P			
英文词汇	台语意义	原始台语	汉字	上古音	章节
peel	削皮	*pɔk D1L	剥	*pruk 入	2.1.1
pick up, collect	拾起	*ki̯ep D1S	夹	*kriap 入	3.4、2.4.1
pimples, kind of skin disease	麻疹	*xrat D1S	癞	*lat<*rat 入	2.5.4

续表

pincers	镊子	*hnɛp D1L	镊	*njiap 入	2.2.6、3.7
plane, to plane	刨子	*bau A2	刨	*brəgw 平	2.1.3、4.4.5
plate, cup	碟子、杯子	*čan C1	盏、琖	*tsrian 上	2.3.3
pole to carry things	扁担	*ɣan A2	竿	*kan 平	5.1.2
pond	池塘	*thom A1/A2	潭	*dəm 平	2.2.2、3.6
pork fat, grease	猪油、脂肪	*lauA2	油	*rəgw <*ləgw 平	2.2.7
press down, flatten	压紧	*nɛp D2L	捻	*niəp 入	2.2.5、3.7
price	价	*ga B2	价	*krag 去	2.4.3
pull, detach or strip off grains from the stalk	使分离、谷物从茎上剥下来	*rut D2L	捋	*luat< *ruat 入	2.2.9
pus	脓	*hnɔŋ A1	脓	*nəngw 平	2.2.6、3.9、4.2
put over, cover up	掩蔽、堵塞	*grɔm B2	敛	*gljiam 去	2.5.3
R					
英文词汇	台语意义	原始台语	汉字	上古音	章节
raft	木排	*bɛ A2	排	*brəd 平	5.2
rafter, latch of a door	椽、门闩	*klɔn A1	关	*kwran 平	2.5.1、3.9
raise, lift	举起	*ku C1	举	*kjag 上	2.4.1
recognize, know	认识、知道	*čək D1S	识	*sthjək 入	5.1.2
rest, stop	停	*bak D2S	泊	*bak 入	2.1.3、3.8

续表

retreat	退	*thɔi A1/B1	退	*thəd 去	2.2.2、4.4.3
ripe, cooked	熟、煮过的	*suk D1S	熟	*djəkw 入	5.1.2
rock, cliff	石头	*phra A1	璞	*phruk 入	5.1.3
roll, twist, change	卷、捻	*phən A1	攀	*phran 平	2.1.2
S					
英文词汇	台语意义	原始台语	汉字	上古音	章节
sack, bag	囊、袋	*da B2	袋	*dəg 去	2.2.3、4.4.4
saddle	马鞍	*ʔan A1	鞍	*ʔan 平	2.7.1
salt	盐	*klïo A1	盬	*kag 平	2.5.1
salty	咸	*gem A2	咸	*grəm 平	2.4.3
saw（tool）	锯子	*kï B1	锯	*kjag 去	2.4.1、3.2、4.4.4
say	说	*wa B2	话	*gwrad 去	2.1.6、4.4.3
scattered	散	*san B1	散	*san 去	2.3.1
scold	责骂	*ʔda B1	詈	*ljar 去	5.1.2
scrape, grate	刮、磨碎	*xut D1L	刮	*kwrat 入	2.4.6
section	片段	*dɔn B2	段	*duan 去	2.2.3、3.9
send, conduct	送、处理	*soŋ B1	送	*sung 去	2.3.1
seven	七	*čet/čhet D1S	七	*tshjit 入	2.3.3
several, how many	几个、多少	*ki C1	几	*kjəd 上	2.4.1、3.1、4.4.3
shake, quake	摇动	*hwəi A1	竵（歪）	*hwrig 平	2.1.7、4.4.4
shut , cover up	关、掩蔽	*ʔu̯op D1L	闸	*ʔrap 入	2.7.1
sickle, hook	镰刀、钩子	*xɔ A1	钩	*kug 平	2.4.6、3.9、4.4.4

续表

silver	银	*ŋïn A2	银	*ŋjiən 平	2.4.4
single, solitary	单一、独	*dɔk D2	独	*duk 入	2.2.3、3.9
six	六	*xrɔk D1S	六	*ljəkw< *rjəkw 入	2.5.4
slap, clap	拍手	*top D1S	搭	*təp 入	2.2.1、3.6
slip off, come off	脱落	*hluot D1L	脱	*thuat 入	2.2.8
smear, paint	涂抹	*da A2	涂	*dag 平	2.2.3、4.4.4
soft inside of some fruit	瓤	*ňueŋ A2	瓤	*njang 平	2.3.6
solid, hard	牢固、坚硬	*khlɛŋ A1	铿	*khring 平	2.5.2
sorcerer, doctor	男巫、医生	*hmɔ A1	巫	*mjag 平	2.1.5、3.9
soup, broth	汤、肉汤	*kɛŋ A1	羹	*krang 平	2.4.1、3.7
spade, hoe	铲子	*siem A1	铦	*sjiam 平	2.3.1、3.4
sparrow	麻雀	*čɔk D1L	雀	*tsjakw 入	2.3.3、3.9、4.3
split open, crack	破开	*phlɛk D1L	㽷	*thrak 入	2.1.10
split, hew	劈	*pha B1	破	*phar 去	2.1.2、4.4.1
stake, post	桩、柱	*hlək D1S	榜（柝）	*thak 入	2.2.8
steel	钢	*xaŋ A1	钢	*kang 平	2.4.6
stem, stalk, petiole	干、茎、叶	*kan C1	秆	*kan 上	2.4.1
still, yet	仍旧	*ňəŋ A2	仍	*njəng 平	2.3.6
stool	凳子	*təŋ B1	凳	*təŋ 去	2.2.1、3.5
sugar	糖	*thïŋ A1/A2	糖	*dang 平	5.2
sunshine	阳光	*ʔdɛt D1L	日	*njit 入	2.2.4

续表

swallow（bird）	燕子	*ʔɛn B1	燕	*ʔian 去	2.7.1、3.7
swell up	膨胀	*bɔŋ A2	膨	*brang 平	2.1.3、3.9
			T		
英文词汇	台语意义	原始台语	汉字	上古音	章节
take off, remove	脱掉	*thɔt D1L	脱	*duat 入	2.2.2、3.8
tea	茶	*ja A2	茶	*drag 平	2.3.5
tell	告诉	*klau B1	告	*kəgw 去	2.5.1
ten	十	*sip D1S	十	*djəp 入	5.1.2
ten thousand	万	*hmïn B1	万	*mjan 去	2.1.5、3.2
termite, weevil	白蚁	*mɔt D2L	蠛	*miat 入	2.1.4、3.9
thatch, grass	茅草	*ɣa A2	葭	*grag 平	2.4.7
thigh, leg	大腿、腿	*kha A1	尻	*khagw 平 / 骹 *khragw 平	2.4.2
three	三	*sam A1	三	*səm 平	2.3.1、3.8
throat, neck	咽喉、颈子	*ɣɔ A2	喉	*gug 平	3.9、2.4.7、4.4.4
throw away, cast	丢弃、扔	*dɔt D2L	夺	*duat 入	2.2.3、3.9
tight, tighten	使紧	*hnɛt D1L	捏	*nit 入	2.2.6
tongs, pincers	火钳	*giəm A2	钳	*gjam 平	2.4.3
tooth	牙齿	*xiau C1	齿	*khrjəg 上	2.4.6、4.4.4
trade	贩卖	*ga C2	贾	*kag 上	2.4.3
trousers	裤子	*xwa B1	绔	*khwag 去	2.6.5
turn, whirl around	旋转	*gwaŋ C2	晃	*gwang/ ɣwang 上	2.6.3

续表

tusk, ivory	獠牙、象牙	*ŋa A2	牙	*ŋrag 平	2.4.4
twist, break by twisting	扭、扭断	*ʔi̯au C1	拗	*ʔragw 上	2.7.1
two	二	*ňi B2	二	*njid 去	2.3.6、3.1、4.4.3
			U		
英文词汇	台语意义	原始台语	汉字	上古音	章节
untie	解开	*kɛ C1	解	*krig 上	2.4.1、3.7
urinate, urine	排尿、尿	*ňiəu B2	尿	*niagw 去	2.3.6、3.5、4.4.5
			V		
英文词汇	台语意义	原始台语	汉字	上古音	章节
vase, plate	花瓶、盘子	*ban A2	盘	*ban 平	2.1.3
vast, broad	宽阔的	*khwaŋ B1	旷	*khwang 去	2.6.2
			W		
英文词汇	台语意义	原始台语	汉字	上古音	章节
we	咱们俩	*ra A2	余	*rag 平	2.2.9
wet	湿	*dum A2	澹	*dam 平	2.2.3
weigh, steelyard	称（秤）	*jəŋ B2	称	*thjəng 去	5.1.2
wharf, ford	码头	*da B2	渡	*dag 去	2.2.3
white	白色	*phrïek D1L	白	*brak 入	5.1.2
wide	宽阔	*kwaŋ C1	广	*kwang 上	2.6.1、3.8
wind around, to twist strings	缠绕	*kliəu A1	交	*kragw 平	2.5.1、3.5

续表

wind around, twist	缠绕、扭	*kiau C1	绞	*kragw 上	2.4.1、4.4.5
writing	字、书	*sï A1	书	*sthjag 平	5.1.2
wrong, incorrect	错误	*phit D1S	丿	*phit 入	2.1.2、3.1
Y					
英文词汇	台语意义	原始台语	汉字	上古音	章节
yoke	轭	*ʔɛk D1L	轭	*ʔrik 入	2.7.1、3.7
young male (animal)	小的雄兽	*thïk D1S/D2S	特	*dək 入	2.2.2
young rice plants, rice seedlings	稻秧	*kla C1	稼	*krag 去	5.1.3

附录四：汉藏系语言研究法的检讨

一九三九年李方桂先生在北大文科研究所作了一次讲演，题目是《藏汉系语言研究法》，一九五一年在《国学季刊》第七卷出版。这篇文献可说是讨论汉藏语比较研究法的经典之作，到今天仍有不可磨灭的真知灼见，现在引用那篇文章的结论作为本文的开场白：

> “比较的研究就是历史的研究的变相，主要的目的是想把两个或两个以上的语言找出多少套的相合点 correspondences，从这些相合点，我们可以假设它们有同一的来源，所以每一个相合点我们可以拟定一个原始型，并且从这个原始型可以依一定的规律变成现在的形式及状态。”

这一段话有两个要点，第一，是要找到多少套的相合点，也就是许多套语音的对当，例如甲语言的 p、t 相当乙语言的 b、d；甲语言的元音 i 相当于乙语言的 i，而在不同的条件下又相当于 e。希望能一一说明对当的关系。第二，拟测原始语言，要设计合理的规律使得现在的形式得到良好的解释。换句话说，要注意语言自然演变的规律，用正常的规律解释演变的结果。

在亲属关系不明确的语言之间，部分对当的关系究竟是同源词或借词引起很大的争论，在这个问题上到现在没有良好的解决方法。因此有人提出“关系词”的说法指称“同源词和借词”（戴庆厦 1992：52）或“两种语言间有语音对应的词”（陈保亚 1996：165）。然后就关系词的种种现象提出“语言影响论”（戴庆厦 1992：53）或“语言联盟说”（陈保亚 1996）。又有人提出用“深层对应”的方法来判断同源关系（邢公畹 1992：2）。以下就这几种理论提出个人的看法。

一、语言联盟和语言接触无界有阶说

陈保亚（1996）对语言接触的问题有深入的观察和理论的探讨。他以云南德宏傣语和汉语西南官话的接触为对象做了长期追踪的研究，结论是汉语和侗台语之间是联盟关系，没有同出一源的亲属关系；彼此的接触是无界而有阶的，也就是说语言接触的影响可以深入到语言的多种层面，包括所谓核心的基本词汇在内。但是接触后语言的改变又是有阶段性的，结构因素形成不同的区别性特征，这些特征使得改变的速度和顺序可以分成不同的阶段。

他的看法通过实证，本来应该没有错误。问题在于他讨论“有阶性”的时候，引用了 M. Swadesh（1955）的“基本词汇”说（basic vocabulary）。把 Swadesh 的 200 核心词和 100 核心词作为衡量有无亲属关系的尺度。他说：

由此出发，我们从斯瓦迪士的 200 词减去 100 词，就得到两个阶：第一百词和第二百词。尽管第一百词不是绝对稳定的，但从概率上讲总比第二百词稳定，给核心词分阶的目的正是要反映出这种相对稳定性。（1996: 185）

又说：

斯瓦迪士的两百词是在考察了一定数量的语言（特别是印欧语言）的基础上制定出来的，主要根据是经验，不能说完全满足上述前提，但至少可以排除文化词，而且绝大部分在其他语言中也都是组合指数很强的语素，因此当我们把斯瓦迪士的200词分成“第一百词（一阶）”和“第二百词（二阶）”时，发现有一定的普适性，有亲属关系的语言总是一阶关系词高于二阶关系词，两个相互接触的语言所产生的关系词总是一阶关系词少于二阶关系词。（1996: 187）

第一，Swadesh 的基本词汇是为语言年代学（lexico-statistics 或 glottochronology）设计的，想从两个语言词汇的接近程度推算两者从母语分开的时间。无论从二百词或其后的一百词立论，在西方学者的验证下都不能成立（Bynon 1977: 266—272）。陈氏没有提语言年代学的问题，只是用 Swadesh 的基本词汇，可说用旧瓶装了新酒。我们不能因语言年代学的不能成立，就说基本词汇说也不能利用。因此在立足点上，陈氏的做法并无可议。

第二，陈氏已经指出 Swadesh 的设计主要是根据印欧语言，我们难以认同一百词或二百词的内容具有适用于任何语言的普遍性。如何选择词汇是另一个困难，Gudschinsky（1956）就有不同的看法。例如：树皮（bark）和皮肤（skin）是两个词目，都在前一百词中，但并不是所有的语言都有这样的区分。比较第一部分的一百词和第二部分的一百词有什么根据说前者更为核心？例如在前一百词中有树木（tree），后一百词中有草（grass），如何证明“树”比“草”更为核心？如果把属于“一阶”和“二阶”的词掉换几个，立刻影响统计的结果。利用这样少数的词汇立论，难以令人信服。

第三，陈氏把他的想法在许多语言中作了验证，结果都证明前一百词更为稳定，认为有亲属关系的方言间，第一阶同源词的比例都比第二阶同源词高。假定他的理论是正确的，问题出在他选择的语言或方言都是语源清楚的，例如以英语和古英语、德语、荷兰语、古冰岛语、哥特语比较，日耳曼语言经过多年的分析研究，语源差不多都清楚了，自然没有问题。他又以汉语各方言作比较，汉语方言同源的关系大致也清楚。如果推广到汉语和侗台语的关系就产生了困难，因为关系词还没有认清楚，如何能够谈比例。

陈氏（1997）从核心关系词的分布专论汉语与侗台语语源关系，他引用李方桂先生的研究，说明“汉台关系词在第100词集中有12例，第200词集中有18例，一阶核心词少于二阶核心词。”现在根据别人的材料增加以下词汇[①]：

词义	标准泰语	汉字	汉语上古音[②]
胡子	khrauA2	毫	gagw 平
象牙	ŋa:A2	牙	ngrag 平

① 见 Manomaivibool 1976，“墨”字对应“黑”字是我的看法。

② 上古音用李方桂先生的系统，把声调符号改成平上去入。下同。

一	ʔetD1	一	jit 入
二	yi:B2	二	njid 去
墨	hmɯkD1	黑	hmək 入
白	phɯakD1	白	brak 入
名字	chui:B2	字	dzjəg 去

这七个词都属于前100的核心词，那么第100词集中就有19例，是不是就比第200词集中的18例多，因而就证明有亲属关系呢？难以说定，因为在第200词集中也可能增加若干新考订的关系词。所以对于关系词的研究直接影响汉语和侗台语是否有亲属关系的结论。目前在关系词的研究尚未了解清楚以前作任何推论都有危险。

第四，退一步说，即使陈氏的方法都没有问题，词汇也只能显示一部分的关系。因为词汇是语言系统中最容易产生变化的，语音对当和构词的比较可能改变现有的结论。

二、深层对应说

这是邢公畹（1993）提出的一个学说，我现在根据他最新的说法（邢1999）来检讨。他认为深层对应说是一个“语义学比较法”：

> 现在用汉台语的比较来解释：台语的一个“字”（语言上的“字”）和汉语的一个“字”在意义上相同或相近，在音韵形式上可以对应，我们说其中有同源关系的可能性；若是台语有一组意义各不相同的“同音字”，也能各自和汉语的一

> 组“字”在意义上和音韵形式上相对应，我们就管它叫“深层对应”，其中的同源关系大体可以肯定。（1999：2）

换句话说，他假定甲语言中一组同音而异义的字不会一起借到乙语言去，如果这样的一组字都可以找到对应，自然显示同源的关系。同时由于语言的历史悠久，有些字在语音上可能变得不大相近，但是仍有可能是同源关系。以下引用他所举的三组例字来说明：

广州 ɔ:n1< *ʔan 1　“鞍”[①]：泰 ʔa:n1< * ʔ- “马鞍”
广州 ɔ:n1< *ʔan 1　“侒”：泰 ʔa:n1< * ʔ- “吃”

> 汉语“鞍”字和“侒”只是两个同音词，在意义上差距很大，其间不存在引申关系。如泰语从汉语借去“鞍”，没有必要也借去“侒”。现在泰语“马鞍”和“吃”是同音词，汉语“鞍”和“侒”也是同音词，这决不是偶然巧合，而是可以用来证明汉台两语之间有发生学关系的现象。（1999：497—498）

这一组例字声韵调大致都对当，邢氏认为泰语不可能同时从汉语借两个字。陈保亚（1996：148）指出西南官话中同音的“墨、脉、麦”（mə31）三个字彼此毫无关系，但借入德宏傣语也是同音，都读 mɤ31。改变的“改”和解开的“解”借入傣语都读 kai53。陈氏的例子是有力的反证，可见同音异义的字也可能一起借入另一个语言。

---

① “鞍侒”两字原来都有平声的调号，现在改用数目字。泰语标音后的数目字也表示声调。

汉语 *k-，*g- 和泰语 *ɣ- 是可以对应的，如：

广州 hi:u1< * kiagw1 “枭”：泰 khau4< *ɣ- “猫头鹰”
广州 hau5< * kug2 “垢”： 泰 khai2< *ɣ- “污垢”
广州 heŋ5< * giŋ3 “胫”： 泰 khɛ:ŋ6< *ɣ- “小腿”
广州 hau2< * gug1 “喉”： 泰 khɔ2< *ɣ- “颈”

泰语 khɛ:ŋ 6 现在说作短元音，是后变的。（1999：501）

这里邢氏以泰语的 ɣ 对应汉语的 k- 和 g-，但是没有说明这种对当有没有条件，何时对 k-，何时对 g-。汉语的 -ug 为何对应泰语的 -ai 又对应 -ɔ？也许在汉台语研究尚未成熟的时候，这样的要求有一点过分严格。但是松散的对应关系不易令人信服。

在 502 页邢氏又用“猫头鹰”的例子：

广州 kau6< * gwjəg3 “鸱枭”：泰 khau4< *g，采取了一个不同的广州音和上古音来源，因为他考证“旧”字有“鸱枭”的意思。那么泰语的 khau4 究竟对应汉语的哪一个音呢？广州现在还有没有作为“猫头鹰”解的 kau6 的读法呢？纠缠的问题也减低了深层对应的可信度。

广州 tsɔ:ŋ1< * tsrjaŋ1 “装”：泰 sai5< * s- “装（进）”
广州 tsɔ:ŋ 1< * tsrjaŋ1 “装”：泰 sai5< * s- “穿戴”（1994：4）

邢氏说，对应的字有时在语音形式上并不相近，因为语言改变，“动用频繁而磨损”，只求能对应，“不一定能相同或相近”（1999：4）。这样的方法可能有时碰对了，但离系统的推论太远。例如汉语的 -aŋ 如何变成泰语的 -ai？是不是 -ŋ 变成 -n，-n 变成 -ï 再变成 -i。至少应有语音演变的规律来解释。有了规律以后，还要问 -ŋ 在什么

情形下变成 -n，全变了呢或者只是部分变化？ -n 又在什么语音条件下变 -i ？这当然都是虚拟的规律与问题，如果这样的说法不对，那么正确的演变规律又该如何设想呢？讨论同源的语言关系对于这些问题应该有一个解答。

举两个距离极远的语言来说：

词义	英语	汉语
燕子	swallow	燕[①]
吞咽	swallow	咽
~~		
树立	set	设
放置	setting	设定

英语用同样一个字 swallow 表示燕子和吞咽，汉语正好也用同音的“燕”和“嚥”表达相同的意思，显然这是一个偶合的现象，偏偏这个偶合正好合于邢氏所说的“语义学比较法”和“深层对应”，我们要如何分辨这种偶合呢？那就不得不回到语音的对应规律，用语音的对当很容易否定 swallow 和“燕”有同源关系，那么对于上文所引汉语的装 *tsrjaŋ1 对应泰语的 sai5 就不得不问语音的对当关系如何？没有语音对当的例字难以采信。

即使语音对当没有问题，也可能是偶合。汉语的“设”是擦音声母，受 -t 尾，和英文的 set 很接近；正好“设定”和 setting 意义极近，语音也对当。显然英语的 set 和汉语的“设”没有同源关系，那么“语义学比较法”和“深层对应”的方法都可能有问题。

① 这个例子是梅祖麟告诉我的，在此致谢。

三、语言影响论

这个理论是罗美珍（1983）和戴庆厦（1990）提出来的，戴氏的文章发表在后，现在引用他的说法来说明：

> 古越人使用的语言，不会是汉藏语系语言，而是与印度尼西亚语有关的南岛语系语言，后来这种语言长时间地、大面积地受到汉语的影响而发生了巨变，但它还保留了原有语言的某些词语及其他特点，逐渐形成为今日的壮侗语。壮侗语与汉语的关系，可以视为有亲属关系，因为语言影响已导致语言的质变，而与影响的语言有机地构通后形成亲缘关系。当然，这种亲缘关系与一般所说的由原始母语分化下来的亲属语言之间的关系有所不同。如果这个认识可以成立，就可认为汉藏语系内部的亲属关系实际上存在两种不同的类型：一是由原始母语分化下来的亲属语言（藏缅语与汉语），二是由语言影响形成亲属语言（壮侗语与汉语）。这是汉藏语系亲属关系不同于其他语系（如印欧语系等）的重要特点之一。（1990：15）

这段话等于是说，由于甲语言长期受到乙语言的影响，慢慢地甲语言只得保留了某些特点，大部分已被乙语言同化。“语言影响已导致语言的质变”，我认为如果“质变”了，那么就不再是原来的语言，而是乙语言的一支了，原来的甲语言只剩下一些可以找到的语言底层遗迹。

这个说法跟上述的“语言联盟说”有接近的地方，“语言联盟说”指出语言接触可以深入到语言的各种层面，如果深入到一个程度自然就会产生“质变”。假定德宏傣语继续受到西南官话的影响而慢慢起了质变，只剩下一些可以勉强辨认的泰语遗迹，那么德宏方言就是一种汉语方言了。我(1988)认为吴语有闽语的底层，但不能不说现在的语音系统是吴语。畲族从民族源流上说是少数民族，但大多数畲族在方言上已经说客家话。

重要的关键是从语言论语言，能不能分辨亲属关系和语言影响后的联盟关系的不同点，我认为在“质变”之后几乎无法辨认，我们如何从大部分畲族所说的客家话寻找原来语言的痕迹？只有在质变以前的语言中才能说明何者是本来语言的成分，何者是受影响而来的。在我们承认语言横向影响的同时，不禁要问侗台语果真是南岛语质变后的汉藏语吗？还是仍有亲属关系的可能？

四、结语

回到开场白中李方桂先生的文章，上文已经指出两个要点，现在再来申论一下。

第一，语音对当的数量至关重要，这是一个程度的问题，不能说要有多少套的对当就能确定亲属关系，当然越完整越好。以汉藏语的韵母系统来说，龚煌城（1995）找到了以下的对应：

汉语	a ja i	ji	u ju	ə	jə	wə	wa	ua	agw	akw	iə	ia
							o	o	o	og	e	e
藏语	a a i	yi	u u	u/a	ye/a/u					au（auk）		
缅甸语	a a i	i/iy	û u	u/a	î/a/û							
西夏语	a ja i	jɨ	u ju u/ə/a	jɨ/ji/ ju/ja								

因为李方桂先生的上古汉语系统有四个单元音：i、u、ə、a 和三个复元音 iə、ia、ua，而藏语有五个单元音：i、u、e、o、a。龚煌城找到了元音系统全面的对当，也解释了藏语 e、o 的来源。有些对当的关系相当复杂，主要是受到韵尾的影响。面对这样完整的对当关系，我们不得不承认汉语、藏语、缅甸语、西夏语四者有亲属上的同源关系。

第二，语音的对当要和基本词汇结合。语音的对当关系越全面越好，上文已经提到很难说多少的对当就可以证明有亲属上的关系。如果语音的对当能跟基本词汇结合，那么可信度就大为增加。例如汉语和藏缅语的同源词是这二十年来才大量增加的，主要是 Coblin（1986）和龚煌城（1980，1995）的研究。Coblin 的研究中有“一、二、三、四、五、六、七、八、九、十”等数词，有“我、汝、是（this/that）、何、无、共、大、永、细、女、夫、氓、鱼、虱、薪、叶、本、肤、角、头、耳、目……”等等所谓基本词汇，在基本词汇中显示语音的对当，令人无可怀疑。

第三，构词法和语法的研究。语法的研究不见得能解决同源与否的问题，例如藏语是“主语—宾语—动词”的语言，汉语是“主语—动词—宾语”的语言（丁 1987），连最基本词序都不同。藏语的动词有丰富的形态变化，而汉语则很少。可是汉藏语同源却无可置疑，可见语音和词汇的研究在找寻语言之间的历史渊源时占有很大的比重。

我相信构词法应该比语音、语法、词汇更为保守，构词的功能最不容易移借，例如汉语的四声别义，“种子”和“种植”，清浊声母交替，“看见”和“发现”，是很有特色的。研究藏缅语、侗台语的人应该多发掘构词法的内容。据我所知，泰语也有类似四声别义并以声母的送气和不送气为手段的构词法，其他的侗台语又如何呢？最近陈保亚（1996:148）指出德宏傣语把汉语的“盖”字借去作动词用，表示“盖房子”，读213调；但当名词用时，并没有像汉语一样加“子”词尾成为“盖子”，反而改用35调的读法表示名词。他说：“这个交替机制我们还无法解释”，有没有可能这是德宏傣语的四声别义的构词法应用到借字上来了？如果是的话，这是一个很好的证明，说明傣语有这种构词法，而且是和汉语共有的。

第四，同源词的比较。要讨论汉语和侗台语的关系现在还没有到下定论的时候，发掘更多语音对当的词汇是当务之急。如果找到许多套的对当，到了一个程度，我们就不能否认两者的亲属关系；如果找不到对当，无法说明上古汉语四个元音和古台语九个元音的关系，那么我们就不能认为两者有亲属关系。上古汉语和古台语的元音系统都是李方桂先生（1971，1977）的拟测，更需要我们努力寻求两者的对当情形。

现在让我来举例说明基本数词的情形作一个试验：

词义	古台语	汉字	汉语上古音
一	ʔi̯et D	一	jit 入
二	ňi B	二	njid 去

三	səm A	三	səm 平
四	si B	四	sjid 去
五	ha C	五	ngag 上
六	xrok D	六	ljəkw 入
七	čet D	七	tshjit 入
八	pɛt D	八	prit 入
九	kjəu C	九	kjəgw 上
十	sip D	十	djəp 入

古台语的声调 ABCD 对应上古汉语的平去上入是毫无疑问的事，十个数词显示一致的对当。如果比较双方的元音对当，可以列成下表：

古台语	汉语上古音	例字
i	jə/-p	十
i	ji/-d	二、四
e	ji/-t	一、七
ə	ə	三、九
o	ə /-kw	六
ɛ	ri	八
a	a	五

ə、a 两个元音的对当没有问题；古台语的 i 看样子基本上对应汉语上古音非入声音节的 i 和入声音节里的 jə；e 则对应汉语上古音入声音节的 ji；o 对应汉语上古音圆唇舌根音之前的 ə；ɛ 对应介音 r 之后的 i，照这样看来元音的对当是有条不紊的。

当然，这里没有提到古台语的 ï、u、ɔ，也还有很多其他的问题没有解决，因为这只是举例的性质，例字只有十个数词，也可能数词全都是借词，但是元音和声调的对当似乎显示汉语和侗台语的关系相当深厚，不像只是语言影响的结果，也不像只是语言联盟的关系。

那么要肯定或推翻这样的推测必须要深入寻找关系词不可。

参考文献

丁邦新

1987 汉语词序问题札记,《中国境内语言暨语言学》4: 155—162。

1988 吴语中的闽语成分,《历史语言研究所集刊》59.1: 13—22。

李方桂

1951 藏汉系语言研究法,《国学季刊》7: 165—175。

1971 上古音研究,《清华学报》新九卷 1,2: 1—61。

邢公畹

1993 汉台语比较研究中心的深层对应,《民族语文》1993.5。

1999 《汉台语比较手册》,北京:商务印书馆。

孙宏开、江荻

2000 汉藏语历史研究沿革,《汉藏语同源词研究(一)汉藏语研究的历史回顾》: 1—116,广西出版社。

陈保亚

1996 《语言接触与语言联盟》,北京:语文出版社。

1997 核心关系词的分布与语源,《中国语言学论丛》1: 119—153。

戴庆厦

1990 从藏缅语看壮侗语与汉语的关系,《汉语与少数民族语关系研究》,中央民族学院学报增刊。

1992 《汉语与少数民族语言关系概论》,北京:中央民族学院出版社。

罗美珍

1983 试论台语的系属问题,《民族语文》1983.2。

Bynon, Theodraa

1977 *Historical Linguistic*, Cambridge Textbooks in Linguistics.

Coblin, Weldon South

1986 *A Sinologist's Hand list of Sino-Tibetan Lexical Comparisons*, Nettetal: Steyler Verlag.

Gong Hwang-cherng（龚煌城）

1980 A Comparative Study of Chinese, Tibetan, and Burmese vowel systems, *Bulletin of the Institute of History and Philology* 51.3: 455—490.

1995 The System of Finals in Sino-Tibetan, In William S-Y. Wang ed. *The Ancestry of the Chinese Language, Journal of Chinese Linguistics* Monograph series 8: 41—92.

Gudschinsky, Sarah C.

1956 The ABC's of Lexicostatistics（glottochronology）*Word* 12: 175—210.

Li, Fang Kuei

1977 *A Handbook of Comparative Tai*, Oceanic Linguistics Special Publication No. 15, The University Press of Hawaii.

Manomaivibool, Prapin

1976 Thai and Chinese- Are They Genetically Related? *Computational Analysis of Asian and African Languages* 6: 11—31.

Swadesh, Mortis

1950 Salish Internal Relationships, *International Journal of American Linguistics* 16: 157—167.

1951 Diffusional Comulation and Archaic Residue as Historical Explanations, *Southwestern Journal of Anthropology* 7: 1—21.

1955 Towards Greater Accuracy in Lexicostatistic Dating, *International Journal of American Linguistics*, 20: 123—133.

原载《中国语文》6：483—489，2000 年。

附录五：论汉语与台语的关系

——李方桂汉台语同源论的检讨*

汉语和台语之间究竟是同源关系还是接触关系尚未有定论。本文先介绍李方桂先生汉台语同源论的主要内容，然后从数目字中的“五六”两字说明台语的读法不可能是从汉语借过去的，再从“构词法相同”和“系统性对当”两个角度来解释汉语台语同源的关系。

关键词：汉台语、清鼻音、四声别义、比较研究

1. 汉台语同源论

李方桂先生 1936—37 年在《中国年鉴》(*The Chinese Year Book*)上发表 Languages and Dialects(《中国的语言和方言》)一文的时候，他已经调查过若干台语，例如剥隘方言、天保土语等。但还

* 本文是香港研究资助局(Research Grants Council)所资助的计划 HKUST 6097/00H 的成果的一部分，曾在华盛顿大学纪念李方桂先生百年冥诞国际研讨会上宣读，承梅广兄谌正，在此致谢。

没有调查莫家话、水家话，对于藏文已经发表过 Certain Phonetic Influence of the Tibetan Prefixes upon the Root Initials（1932），所以那时候他对汉藏语系的说明是建基于当时大致的了解。到 1945 年，他发表著名的文章 Some Old Chinese Loan Words in the Tai Languages，讨论汉语的地支系统借入台语[①]的情形，他认为有些特殊词汇是从汉语借入台语的，那么可以想见其他相近的词汇可能就是两种语言所共有的。1973 年，《中国语言学报》（*Journal of Chinese Linguistics*）重印他 1937 的论文，只作了一些小修改，对于汉语、台语有亲属关系的看法并未改变。他（1937）提出来的决定汉语、台语具有亲属关系的条件基本上有三个：第一，单音节性，第二，有声调系统，第三，声母的清浊影响声调的分化。Paul Benedict（1972）认为这些条件可能只是类型学上的相似，汉语和台语并没有亲属关系。李先生对于这种说法没有提出正面的反驳，在他发表的论文里也没有重申汉语、台语具有亲属关系的说法。他精研汉藏语，自然了解汉语和藏语之间随着研究的进展发现的同源词日益增多，但汉语、台语同源词的研究却停滞不前。[②]

1970 年，李先生发表 Some Tonal Irregularities in the Tai Languages，他指出台语里有类似汉语"四声别义"的构词法，例如泰国话：khaa B2[③] 是"价"，而 khaa C2 是"买卖"。也有用清浊声母

---

① 台语新称傣语，这篇文章为纪念李方桂先生百年冥诞而写，仍用李先生的旧名。

② 倪大白（1990：316）："迄今为止，我们还很难找到汉语、侗台语之间真正有对应关系的同源词。"

③ 这里引用的台语调号是传统的 ABCD，大致相当于汉语的平、去、上、入。1、2 指两种调类，相当于汉语的阴、阳调。下文提到古台语，指李方桂（1977）的拟音。

的差异表示意义的不同，例如泰国话：khiɑu C1<*kh- 是“犬齿”，而 khiɑu C2<*g- 是“咀嚼”。有的两者兼备，既有声调的不同，也有声母的差异，例如：泰国话 khiɑu A2 是“镰刀”而 kiɑu B1 是“用镰刀割”。而这种构词法在汉语、藏语里也有。

1976 年，李先生发表 Sino-Tai 一文，算是针对汉台不同源说法的回应，即使在这篇回应里，他也没有明确地说明汉语、台语有亲属的关系。他说：

> “The comparison of Chinese and Tai is as complicated as that of Chinese and Tibetan. While the genetic relationship of Chinese and Tibetan is generally accepted, at least, as a working hypothesis, the relation of Chinese and Tai is assumed to be that of borrowing by some scholars. It seems to me that the problem should be examined without prejudice. This is not to deny the eventual genetic relationship of Tai with other family of languages, such as Austronesian or Austroasiatic, but rather to offer some material for the consideration of Sino-Tai relationship. It does not merely consist of typological similarities such as the tone system and the syllabic structure.”（Li 1976: 39）

我们仔细玩味这一段话，他认为汉语、台语的关系并不只是类型学上的相同，不言而喻，两者应该有亲属关系。他同时指出，汉语、台语共有类似的构词法，一般说来，借字都是个别的，很难说台语借用了汉语的构词法。换句话说，相信李先生到晚年并没有放弃他早先的看法。

2. 数目字的启示

李先生在 1976 年的文章里提出一个有关数目字的问题，据我所知，到现在似乎没有人圆满地回答这个问题。他说：

> “Some words which are extremely similar in meaning, such as the numerals（included here）etc., show irregular correspondences with Chinese. For example, why has the numeral ‘5’ an initial h-（<*hŋ-?）Which is regular throughout all the Tai languages instead of ŋ- as in Chinese and Tibetan? Why has the numberal ‘6’ an initial h- or r-（<*xr-）in the Tai languages instead of l-（<*gwl-）as in Chinese？”（Li 1976: 47）

邢公畹（1999：20）注意到这个问题，他认为：

实际上台语“五”“六”的声母跟汉语“五”“六”的声母是完全可以对应的。先说跟“六”字有关的一组汉台声母对应：

傣雅 khan^{1} < * x-（鸣啼）: 广州“翰”$h^{\supset}$:n^{2} < $*_{\subset}$ gan

傣雅 xa:m^{3} < * x-（过河）: 广州“杭”$h^{\supset}$:ŋ^{2} < $*_{\subset}$ gaŋ（-m，-ŋ 交替）

傣雅 xən^{3} < * x-（登，上）: 广州“援”y:n^{2} < $*_{\subset}$ gwjan

泰 khwɛ:n^{1} < * xw-（悬挂）: 广州“悬”y:n^{2} < $*_{\subset}$ gwian

傣雅 xan$^{1'}$ < * xw-（魂）: 广州“魂”wan^{2} < $*_{\subset}$ gwən

傣雅 hu$^{1'}$ < * xr-（耳朵）: 广州“耦”y^{4} < $*_{\subset}$ gwjag

傣雅 hok^{7} < * xr-（六）: 广州“六”lok^{8} < * gljəkw$_{\subset}$

这一组字说明汉台两语中有好些字从表面上看不出对应关系来，存在着一种例外的对应规律，不是“不规则”。可见汉台两语的“六”字等的确是同源词。

再说跟“五”字有关的一组汉台声母对应：

傣雅 hək^{7} < * hŋ-（牙龈）：广州 “腭” ŋ:k^{8} < * ŋak⊃
傣雅 ha^{3} < * hŋ-（五）：广州 “五” ŋ^{4} < *$^{\subset}$ ŋag
傣雅 han^{5} < * h-， * hŋ-（鹅）：广州 “雁” ŋa:n^{6} < * ŋran⊃

可见台语一部分 h- 声母字是可以和汉语 ŋ- 声母对应的，当然它们是同源关系，而不是借贷关系。

先谈五字的问题，汉语上古音是上声疑母字 *ngɑg①，古台语是 *hɑ C1，在古汉语的历史上找不到疑母字读 h- 的痕迹，在方言的演变上闽语有疑母字读 h- 的例子，Norman（1973：236）拟测为 *ŋ- 和 *ŋh。例如：

*ŋ：　鱼　　*ŋh：　砚、额

后来他在另一篇文章（1991：211）中已加以修正，把“鱼”字也改拟成 ŋh-。但是“五”字闽语也没有读声母 h- 的。换句话说，因为“五”字古汉语从没有读 h- 声母的例子，所以古台语的“五”读 *hɑ 不应该是古汉语的借字。如果不是借字，那么就有亲属关系，可能的演变是怎么样的呢?

古汉台语 **hŋɑg ＜ 上古汉语 *ŋɑg 上
　　　　　　　　　　古台语 *hɑ C

① 汉语上古音根据李方桂（1971）但把声调单独列出，不用 -x、-h 等符号。喉塞音声母改用 ʔ-。

或者上古汉语和古台语都来自相同的一种来源，例如 glŋag[①]。在汉语中前置辅音脱落，变成 ŋag；而在台语中则不仅前置辅音脱落，声母也经过 hŋ- 变成 h-。这里有两个问题要解决：

第一，声调的对当要解释一下，汉语“五”字是疑母上声字，各方言分阴阳上的都读阳调，上声相当于古台语的 C 调，但台语各方言都读阴调，两者并不相同，如果跟上述的闽语“鱼”字相比，显然是不同的对当关系，显示不同的问题：

汉字或意义	福州	厦门	潮州	建阳	汉语上古音
鱼	ŋy 2	hi 2	hɯ 2	ŋy 2	*ngjag 平
额	ŋie 8	hiaʔ 8	hiaʔ 8	nia 8	*ngrak 入

汉字或意义	泰语	龙州	剥隘	古台语	汉语上古音
五	haa C1	haa C1	haa C1	*ha C	*ŋAg 上

“鱼”字在闽语的方言中都读阳平调，和上古音的平声浊母是相应的，显示闽语“鱼”字的来源是一个浊声母，Norman 原来拟测为 *ŋ-，可能就是有见于此。现在“五”字在台语方言中都读阴调，而在汉语中读阳调，可见在声调产生的时候，古台语保持清声母 hŋ- 或 h-，而汉语上古音却变为浊声母 ŋ- 。那么古台语的清声母自然变阴调，汉语上古音却是浊声母，后来在方言中就变阳调。

第二，根据李方桂先生的拟测，古台语 *h 和 *hŋ 是不同的声母，“五”字由于各方言都是 h-，只能拟测为 *h-。*hŋ- 在现在的台语方言中和 *h- 有不同的演变。以下转引李先生的例字：

① 这个拟音是参考藏语的对应以后暂时性的拟音，一时还不能说定。

意义	调类	泰语	龙州	剥隘	古台语
月光	A1	ŋaai	haai	haai	*hŋ-
打呵欠	A1	haau	——	ŋaau	*hŋ-
给	C1	hai	hïï	haï	*h-
香	A1	hɔɔm	hoom	hoom	*h-

当各方言都读 h- 的时候，李先生拟测为 *h- ；当方言中有读 h- 也有读 ŋ- 的时候，李先生就拟测为 *hŋ-，我们可以推想，如果因为方言彼此的影响，上述的 ŋaai、ŋaau 被 haai、haau 取代的话，就找不到鼻音的痕迹了，事实上 *hŋ- 在某些方言中有的字变 ŋ-、有的字变 h-，并不一致。可能李先生拟为 *h- 的字中也有原来来自古汉台语的 *hŋ-。

这两个问题解释之后产生了另外一个问题：解释虽然听起来有理，有没有别的平行的例子？其实李先生（1976: 46）已经找到一个很好的例字"雁",邢公畹又加上一个"颚"字,现在再加上"五"字，转引李先生的资料：

意义	泰语	龙州	剥隘	水家话	古台语	汉语上古音
鹅	haan B1	——	haan B1	ŋɑn B2	*han B	雁 *ŋrɑn 去
下颚	ŋïak DIL	hïïk D1L	ŋïïk D1L	——	*hŋïAk D	颚 *ŋak 入
五	haa C1	hɑɑ C1	haa C1	ŋo C2	*ha C	五 *ŋɑg 上

水家话的材料增加了推论的可靠性，台语支的读阴调，水家话读阳调，声母就是 ŋ-。如果有人要把水家话解释为汉语借词，我们很难分辨。但是这几个字在台语各方言既读阴调又是清声母 h-，在汉语中根本找不到 h- 的痕迹，声调演变又不同。我们就不能说是汉语的借词，也就不得不承认汉台语有亲属上的关系。

关于“六”字的讨论，邢氏所举的例字是想证明上古汉语的 *g 和古台语的 *x- 对当，而“六”字的上古音来自 gl-，所以跟古台语的 *xr- 对当。现在我们都知道汉语中古的来母来自上古的 *r-，如果汉语的 *gr- 跟古台语的 *xr 对当比较自然。可惜邢氏并没有说明为何“六”字来自 gl-，他的例字中也没有另外一个来母字有类似的对当。

现在我们来检看一下六字的情形：

意义	泰语	龙州	剥隘	古台语	汉语上古音
六	hok D1S	huk D1S	lɔk D1S	*xrok D	*ljəkw 入（l< r）

首先发现台语“六”字的调类是入声阴调，而在入声分阴阳的汉语方言中“六”字一定读阳入。其次发现“六”字古台语的声母是 xr-，李先生的根据是因为 Ahom 语读 ruk，武鸣读 rok，田州读 lok，所以拟测为 xrok。根据梁敏、张均如（1996：427）的研究，古台语的 xr- 在邕宁话读 hlok 7，可见拟测的可靠性。现在的问题是汉语的历史中来母字一直到最近才知道来自 r-，也没有 xr- 声母的痕迹。如果这是汉语借入台语的借字，试问 xr- 是从哪里来的？是从古汉语的哪一个阶段借去的？这个问题既不能回答，就得从另一个方向来想一想。假定台语和汉语有亲属关系，那么声母的演变就有以下的可能：

古汉台语 **xr- ＜ 上古汉语 *r- / 古台语 *xr-

和上述的 *hŋ- 一样，在声调产生的时候，古台语保持 xr- 的清声母，而古汉语已变为浊声母的 r-，后来进一步变成 l-。所以在台语的方言中"六"字读阴调类，而在分阴阳调的汉语方言中就读阳入。当然也有别的可能，例如两者都是从 gr- 变来的，在汉语中 g- 脱落，在台语中 gr- 变成 xr-。

推论到这一步，也面临同一个问题：解释听起来有理，有没有别的可靠的例字？以下是几个比较近似的例子：

意义	泰语	龙州	剥隘	邕宁	柳江	古台语	汉语上古音
鱼网[1]	hɛɛ A1	hee A1	lee A1	hle A1	hje A1	*xrɛ A	罗 *lar 平（l< r）
鱼篓[2]	—	khĩĩŋ A1	—	hlu:ŋ A1	hjɯ:ŋ A1	*xrĩŋ A	笼 *ljung 平（l< r）[3]
六	hok D1	huk D1	lɔk D1	hlok D1	hjok D1	*xrok D	六 *ljəkw 入（l< r）

这两个例子显示台语的声调相当于汉语的阴平调，而汉语是浊声母平声字。我说这些只是近似的例子，因为元音的问题还没有解决，最主要的一点是这些字在汉语方言里没有读 xr- 或 h- 的例子，不可能是从汉语借入台语的词汇。

一般都认为台语中的数目字是汉语借词，其实台语数目字的系统有层次问题，以"五、六"两字而言，请看以下引自倪大白（1990：295）的资料，单数 3、7 表示阴调，双数 4、8 表示阳调。

	壮语	布依	傣语	侗语	仫佬	水语	甲姆	拉珈
五	ha 3	ɣɑ 3	ha 3	ŋo 4	ŋɔ 4	ŋɔ 4	ŋu 4	ŋo 4
六	ɣok 7	zok 7	hok 7	ljok 8	lɔk 8	ljok 8	ljok 8	lok 8

① 这个例子见于李方桂 1977：233、273，Manomaivibool（1976：14）认为是"罗"字。

② 引自梁敏、张均如 1996：428。

③ 李先生（1976：45）认为和"笼"字对当的是泰语的 thuŋ A1<*thl-，意义是"袋子"。我的推测不同。

显然前三个语言是一类，都读阴调；后五个语言是另一类，都读阳调。声母也有显著的差异。后者从声母、声调来判断，大概是汉语借词，而前者无法用借词解释，最大的可能是汉语和台语共有的具有亲属关系的词汇，只是演变不同使得我们难以辨认。这是台语中的层次问题，不能把不同层次的语料一概而论，分清楚层次就可以判断是否借词。

如果加上藏缅语的材料，似乎更可确定"六"字的同源的关系。古藏语是 drug，古缅语是 khrok，尤其古缅语和古台语的 xrok 非常相似，藏语的 d- 可能是舌根音受 -r- 的影响变来的。我想不宜为一个字讨论古汉藏语的拟音问题，只是要注意彼此的关系。

3. 构词法相同的意义

Sapir（1921: 203）提到构词法是难以移借的，他说：

"The experience gained from the study of the English language is strengthened by all that we know of documented linguistic history. Nowhere do we find any but superficial morphological interinfluencings. We may infer one of several things from this:—That a really serious morphological influence is not, perhaps, impossible, but that its operation is so slow that it has hardly ever had the chance to incorporate itself in the relatively small portion of linguistic history that lies open to inspection."

作为 Sapir 的高足，加上他自己对许多语言的观察，李先生（1976b：47）也相信构词法是难以移借的，他说：

> “This state of affairs originated from several causes, the most important of which is that there were morphological processes in the derivation of words, such as prefixes, suffixes and vocalic alternations which are abundantly clear in Classical Tibetan, but leave very little trace in Chinese and Tai. Even in Tibetan the functions of these processes are hardly known. In Chinese we have alternations of initial consonants and tones-no longer active-as possible traces of original prefixes and suffixes. In Tai the problem has been hardly studied. I have shown that in the Tai languages we have also traces of alternations of initial consonants and of tones in the derivation of words, as we find in Chinese.”

他的意思是说汉语、台语都有这种构词现象，绝对不是偶然的。现在要检讨一下，在汉语里四声别义，清浊声母别义的研究已经有很久的历史[①]，上古汉语是不是确有这样的现象呢？

我（1984）曾经根据周法高（1962）四声别义的资料，详细查核闽语的白话音。因为要研究上古汉语中有没有语音区别词义或词类的办法，不能根据读书音，读书音一定受实际语音的影响而来，应该在最早分支出去的方言中找一找痕迹。闽语是汉代就从中原汉语分出去的方言[②]，如果可以找到证明，那么说上古汉语

① 参见周祖谟 1945、Downer 1959，周法高 1962。

② 参看丁邦新 1979，Norman 1979。

有四声别义及清浊别义就多了一条证据。

周先生的资料根据陆德明（556—627）及贾昌朝（998—1065）的《群经音辨》。一共一百八十四条，这是早期见于著录的，就这些资料我在闽语里详加查核，找到六条资料，分为四类：

（1）非去声为名词，去声为动词

	厦门	福州	潮州
家	ke1	ka1	ke1
嫁	ke5	ka5	ke5
种	tsiŋ3	tsyŋ3	tseŋ3
种	tsiŋ5	tsyŋ5（tsøyŋ5）	tseŋ5

（2）非去声为动词，去声为名词

	厦门	福州	潮州
缝	paŋ2	puŋ2	p‘oŋ2
缝	p‘aŋ6	p‘uŋ6	p‘aŋ6
担	tã1	taŋ1	tã1
担	ta5	taŋ5	tã5

（3）非去声为形容词，去声为及物动词

	厦门	福州	潮州
好	ho3（hɔ̃3）	hɔ3	ho3
好	ho5（hɔ̃5）	hɔ5	（hãũ5）

（4）非去声为主动，去声为被动

	厦门	福州	潮州
买	bue3	mɛ3	boi3
卖	bue6	mɛ6	boi6

总的结论就是：

汉语方言中四声别义的例子非常多，分布面非常广。从闽语的资料判断，上古音中相信已经具有四声别义的现象。从词类上说，以动词和名词的转化为最多，也有形容词和动词，以及动词的主动和被动转化的现象。从语音上说，大致都是以平上声为基式，以去声为变式。①

现在我们列举一些李先生（1970）所举的例子，他（1977：41）认为这些例子代表这种构词法可能在古台语中已经存在。

3.1 声调别义

	泰语	意义	泰语	意义
（1）	khaa B2	价格	khaa C2	做买卖（剥隘 B2：kaa C2）
（2）	siam A1	尖物、铲、锄	siam C1	削尖
（3）	koŋ A1	圆圈、轮	koŋ B1	弯曲（剥隘 kɔŋ C1：kɔŋ B1）
（4）	khan A2	分割稻田的沟	khan B2	分开，区分
（5）	čum B1	浸泡	čum C1	浸泡

第 1、第 5 两对例子非常有意思，因为汉语正有对当的字：②

意义	泰语	龙州	剥隘	古台语	汉语上古音
价格	khaa B2	（kjaa B1）	kaa B2	*ga B	价 *krag 去
做买卖	khaa C2	——	kaa C2	*ga C	贾 *kag 上
浸泡	čum B1	——	šum B1	*čum B	浸 *tsjəm 去
浸泡	čum C1	——	——	*čum C	浸 *tsjəm 上

① 从文法的角度来说，动词变名词和名词变动词两种形式都有，和梅祖麟（1980）的发现并不一致。

② 参见李方桂 1970：40，42；Manomaivibool 1976：17。

"做买卖"在台语是动词,汉语"贾"字见于说文,意思是"贾,市也",段注说:"因之凡买凡卖皆曰市。"意义和台语完全一样。这两对字声母清浊不同，古台语是 *g，今音声调是阳调；汉语上古音是 *k，现代方言读阴调。显然不会是借字，为何有这样的不同目前还无法解释，但是平行的现象至少表示汉、台语都有类似的构词法,而且极可能是同源字。龙州 kjaa B1 的读法李先生(1977:199)认为是晚期汉语借字,由此反证来自于 *g- 的读法不会是借字。

"浸"字见于《广韵》去声沁韵和上声寑韵，上声的一读因为原字讹省，[①] 所以平常都不注意，没有人引用。其实去上两读和台语完全对当，既是同源字，构词法又相同。

3.2 清浊声母别义

泰语	意义	泰语	意义
(6) čum B1< *č-	浸泡	čhum B2< *j-	浸湿
(7) khiau C1< * kh-	犬齿	khiau C2< *g-	咀嚼
(8) khot DIS< * kh-	缠绕	khot D2S< *g-	弄弯
(9) nii C1< * hn-	这里	nii C2< *n-	这个

汉语的"浸"字还有侵韵七林切一读，上古音是 tshjəm 平，可惜和台语 B 调来自 *j- 的 čhum 不同，但这一类的构词法常有清浊送气的不同，很难说定，藏语就是显著的例子。[②]

这里找不到汉语对当的字有类似的构词法，但是李先生认为 khot D1S 相当于汉语的"屈" *khwjət，Manomaivibool(1976：16)

① 详见余迺永(2000：328)的校正。

② 参见 Li Fang kuei 1933。

认为台语的 khiau C1 和汉语的“齿”对当，都是很有见地的。尤其“齿”字是穿母字而在闽语厦门话读 [khi 3]，上古音该是 khrjəg 上，和台语相当接近。[①] 台语的韵尾 -u 可能是浊塞音尾 -g 的痕迹。

这一节说明汉台语里都有四声别义或清浊声母别义的现象，显示两种语言都有类似的构词法，而构词法是难以移借的。有些例子不是完全整齐的对应，反而减低了移借的可能，显示同源的现象。也有找不到对当的构词的例子，但个别的字极有同源的可能，也令人相信在汉语中可能没有产生变读的字，或者另一个读音已经丢失了。

4. 系统性对当举例

以上的讨论虽然言之成理，但例证还是太少。如果找到了对当的关系，应该有一串对当的字可以验证。以下举两种例子来说明：

4.1

李先生（1976: 40）列举了台语的 -ɔɔ 和 -aa 和上古汉语的鱼部字对应的例子，现在增加几个例子加以申论，有的例子是李先生（1976）原有的，有的见于 Manomaivibool（1976）或邢公畹（1999），这一类的例子都加注页码，不加注的是我加进去的。

鱼部的唇音字和 -ɔɔ 对当：

① 参见梅祖麟（1983）的讨论。

意义	泰语	龙州	剥隘	古台语	汉语上古音
男巫	mɔɔ A1	moo A1	moo A1	*hmɔ A	巫 *mjag 平（李：40）
青蛙	mɔɔk D1L	mook D1L	mook D1L	*hmɔk D	蟆 *mrag 平
父亲	phɔɔ B2	poo B2	poo B2	*bɔ B	父 *bjag 上（李：40）

这一组汉字都是上古鱼部字，对当的古台语元音都是 -ɔ。值得注意的是“巫、蟆”两字，都是明母字，汉语上古音是 *m-，方言读阳调；而台语则是阴调，李先生的拟音是 *hm-。“蟆”现在读平声，声符“莫”是入声，从谐声字看来，早期也许有 *mak 或 *mrak 的异读，舒声的读法可能是后期的变化。和前述“五”字 *ŋ- 对应古台语的 *hŋ- 完全一致，可见声调产生的时候台语和汉语就分了家，台语清声母变阴调，汉语浊声母变阳调。

“父”字读上声和台语的 B 调不相当；不对当的原因现在还不能了解，但是“父”是普通字，很像是同源的关系，不对当的地方正可显示用简单的移借不能解释。

鱼部的舌尖音、舌根音字和 -ɑɑ 对当：

意义	泰语	龙州	剥隘	古台语	汉语上古音
涂抹	thɑɑ A2	tɑɑ A2	tɑɑ A2	*dɑ A	涂 *dag 平（李：40）
码头	thɑɑ B2	tɑɑ B2	tɑɑ B2	*dɑ B	渡 *dag 去（李：40）
稻田	nɑɑ A2	nɑɑ A2	nɑɑ A2	*nɑ A	畬 rjag 平（< l-）
弩	nɑɑ C1	——	nɑɑ B1	*hnɑ C	弩 nag 上（李：43）
价格	khɑɑ B2	（kjɑɑ B1）	kɑɑ B2	*gɑ B	价 krag 去（李：40）
做买卖	khɑɑ C2	——	kɑɑ C2	*gɑ C	贾 kag 上（李：40）
乌鸦	kɑɑ A1	kɑɑ A1	ʔɑɑ A1	*kɑ A	乌 ʔag 平（邢：315）
象牙	ŋɑɑ A2	——	ŋɑɑ A2	*ŋɑ A	牙 ngrag 平（Mɑnomɑivibool：19）
稻秧	klɑɑ C1	kjɑɑ C1	čɑɑ C1	*klɑ C	稼 *krɑg 去（李：40）

这一组基本上是李先生原有的例子，从邢公畹的资料里增加了“乌鸦”一词，[①] 这个字台语读法不一致，李先生根据泰语和龙州方言拟为 *kɑ，如果根据剥隘方言可以拟为 *ʔɑ。台语的稻田是 *nɑ A，汉语有一个阳平的“畬”字，《说文》的解释是“三岁治田也”，[②] 喻四的“畬”字来自 l-，n-、l- 很容易相混。

鱼部整齐的对当让我们相信台语和汉语之间不是借贷的关系。

4.2

上文解释“五”字的时候，提出汉语的 *ŋ- 和台语的 *hŋ- 相当的假设，那么是不是汉语的 *m-、*n- 也和台语的 *hm-、*hn- 相当呢？

汉语上古音的 *m- 相当于古台语的 *hm-：

意义	泰语	龙州	剥隘	古台语	汉语上古音
墨	mĭk D1S	mĭk D2S	mak D2S	*hmĭk D	墨 *mək 入
男巫、医生	mɔɔ A1	moo A1	moo A1	*hmɔ A 巫	*mjag 平
万	mï ïn B1	?	?[③]	*hmïn B	万 *mjan 去

（Manomaivibool：19）

台语的“墨”字我以前认为应该跟汉语的“黑”字相当（丁邦新 2000：484），因为都是 *hm- 声母，想不到根本就是“墨”字，声母一清一浊，合于整体的演变。[④]

汉语上古音的 *n 相当于古台语的 *hn-：

---

① “乌”字是模韵字，上古音读开口，李先生的拟音应该是 ʔag，邢氏把“乌”字拟成 ʔwag，不知何故。

② 三岁田叫畬，一说二岁田叫畬，见《说文诂林》。

③ 资料不全，龙州、剥隘两地读音不详。

④ Manomaivibool（1976：19）早就认为跟汉语的“墨”相当。

意义	泰语	龙州	剥隘	古台语	汉语上古音
弩	nɑɑ C1	——	nɑɑ B1	*hnɑ	弩 *nag 上（李：43）
脓	nɔɔŋ A1	nooŋ A1	nooŋ A1	*hnɔŋ	脓 *nəngw（Manomaivibool：19）
皮	nɑŋ A1	nɑŋ A1	nɑŋ A1	*hnɑŋ	囊 *nang 平（邢：67）
镊子	nɛɛp D1L	——	nɛɛp D1L	*hnɛp	镊 *njiap 入（Manomaivibool：19）

这些字在台语都是清鼻音阴调，汉语都是普通的鼻音。加上前述的舌根鼻音就成为整齐的对应：

台语 hm-、hn-、hŋ-：汉语 m-、n-、ŋ-

古台语和现在的台语方言中都有 m-、n-、ŋ-，都是很普通的声母，如果从汉语借入鼻音声母字，何以要改读清鼻音？如果不是借字，就可能有共同的来源，不得不让我们相信台语和汉语是有亲属关系的。

5. 结语

这篇短文的目的在于检视李方桂先生的汉台语同源论有没有根据，他认定的同源字能不能都解释为借字。现在看到上述的证据显然不是借字所能解释的。

这里还有两个问题要交代：第一，上文在讨论时，除去一个地方，特别没有提到藏缅语的同源字，因为现在还不到把藏缅语和汉台语相提并论的时候，汉台语同源字有系统的对当还要大量地发掘。第二，古台语的元音系统本身就是非常复杂的，如何跟汉语上古音连系起来更是一个棘手的问题。但不能因为问题棘手，就因噎废食。

李方桂先生的汉台语同源论看起来还是有他的道理，沿着他指出的方向，后继的人还有很长的路要走。

参考文献

丁邦新 2000《汉藏系语言研究法的检讨》,《中国语文》6：483—489。
余迺永 2000《新校互注宋本广韵》，上海辞书出版社。
李方桂 1940《龙州土语》,《史语所单刊》甲 16。上海：商务印书馆。
李方桂 1971《上古音研究》,《清华学报》新 9.1、2：1—61。
李方桂 1976a《几个上古声母问题》,《蒋公逝世周年纪念论文集》：1143—1150。台北：中研院。
周法高 1962《中国古代语法·构词编》,《史语所专刊》39。台北：中研院。
周祖谟 1945《四声别义释例》,《辅仁学志》13.1—2：75—112。又见于《问学集》：81—119，北京：中华书局。
邢公畹 1999《汉台语比较手册》，北京：商务印书馆。
倪大白 1990《侗台语概论》，北京：中央民族学院出版社。
梁敏、张均如 1996《侗台语族概论》，北京：中国社会科学出版社。
梅祖麟 1980《四声别义中的时代层次》,《中国语文》6：427—453。
梅祖麟 1983《跟见系字谐声的照$_三$系字》,《中国语言学报》1：114—126。
梅祖麟、龚煌城 1992.《上古音对谈录》,《中国境内语言暨语言学》第一辑：汉语方言：665—719，台北：中研院。
Benedict, Paul K. 1972 *Sino-Tibetan: A Conspectus*. Contributing Editor: James A. Matisoff. Cambridge: Cambridge University Press.
Downer, G. B. 1959 Derivation by tone-change in Classial Chinese. *Bulletin of the School of Oriental and African Studies* 22.2: 259—290.
Manomaivibool, Propin 1976 Thai and Chinese—Are They Genetically Related? *Comutational Analysis of Asian and African Languages* 6: 11—31.
Norman, Jerry 1973 Tonal development in Min. *Journal of Chinese Linguistics* 1.2: 222—238.
Norman, Jerry 1979 Chronological Strata in the Min Dialects. *Fangyan*（方言）4: 268—274.
Norman, Jerry 1991 Nasals in Old Southern Chinese. *Studies in the Historical*

Phonology of Asian Languages: 205—214, ed. by W. G. Boltz and M. C. Shapiro. Amsterdam: John Benjamins.

Sapir, Edward 1921 *Language*. New York: Harcourt, Brace & World.

丁邦新（Ting, Pang-Hsin）1979 A Note on Tone Change in the Ch'ao-chou Dialect. *Bulletin of the Institute of History and Philology*（*BIHP*）, Academia Sinica 50.2: 257—277.

丁邦新（Ting, Pang-Hsin）1984 *Derivation by Tone-change in Colloquial Min*. Papers in East Asian Languages 2: 20—24. 中文题为《从闽语白话音论上古四声别义的现象》,《郑骞先生八秩荣庆纪念论文集》: 57—63，台北：商务印书馆。

李方桂（Li, Fang-Kuei）1933 Certain Phonetic Influences of the Tibetan Prefixes upon the Root Initials. *BIHP* 4.2: 135—157.

李方桂（Li, Fang-Kuei）1936—1937 Languages and Dialects. *The Chinese Year Book*: 121—128. Shanghai: The Commercial Press.

李方桂（Li, Fang-Kuei）1945 Some Old Chinese Loan Words in the Tai Languages. *Harvard Journal of Asiatic Studies* 8: 333—342.

李方桂（Li, Fang-Kuei）1970 Some Tonal Irregularities in the Tai languages. *Studies in General and Oriental Linguistics*: 415—422, ed. by R. Jakobson and Shigeo Kawamoto. Tokyo: TEC.

李方桂（Li, Fang-Kuei）1973 Languages and Dialects of China, *Journal of Chinese Linguistics*, 1. 1: 1—13.

李方桂（Li, Fang-Kuei）1976b Sino-Tai, *Computational Analysis of Asian and African Languages* 3: 39—48.

李方桂（Li, Fang-Kuei）1977 A Handbook of Comparative Tai. *Oceanic Linguistics Special Publication No*. 15. Honolulu: University of Hawaii Press.

原載《语方暨语言学》专刊外编之二，丁邦新，余靄芹合编：《汉语史研究：纪念李方桂先生百年冥诞论文集》, 2005。

附录六：说“五”道“六”

提要：汉语和台语之间究竟是同源关系还是接触关系尚未有定论。本文先介绍李方桂先生汉台语同源论的主要内容，然后从数目字中的“五、六”两字说明台语的读法不可能是从汉语借过去的。然后利用“汉藏语同源词库”的资料，进一步拟测原始汉藏语“五、六”两字的古音。

一、汉语和台语中的“五、六”两字

李方桂先生在1976年发表Sino-Tai一文，认为汉语跟台语的关系并不只是类型学上的相似，隐含的意思是两者应该有亲属关系。最近我（2004）说明台语中的“五、六”两字不可能是从汉语借过去的，这个观点是试图解答他在那篇文章里提出来的问题。他说：

“有些字在意义上非常相近，但跟汉语的对应却不规则，数目字等等就是一例。例如：为什么数词‘五’的声母在台语中全是h-（<*hŋ-），而在汉语跟藏语中却是ŋ-？为什么数词‘六’的声母在台语中全是h-或者r-（<*xr-），而在汉语中却是l-（<*gwl-）？”（Li

1976: 47 原文是英文，译文是我的翻译）

以下引述我（2004）的一些论证，我认为“五、六”两字无论在汉语的历史上及现代的方言中，声母从来没有读过 h-，所以台语的 h- 不可能是从汉语借过去的，而且调类有阴阳的差异，可以反证两者有同源关系。

我认为“五”字是从 **hŋɑg 变来的：

古汉台语 **hŋɑg ＜ 上古汉语 *ŋɑg 上 / 古台语 *hɑ C

在汉语中前置辅音脱落，变成 ŋɑg；而在台语中则不仅前后辅音脱落，声母也经过 hŋ- 变成 h-。汉语“五”字是疑母上声字，各方言分阴阳上的都读阳调，上声相当于古台语的 C 调，但台语大部分方言都读阴调，两者并不相同。可见在声调产生的时候，古台语保持清声母 hŋ- 或 h-，而汉语上古音却变为浊声母 ŋ- 。古台语的清声母后来变阴调，汉语上古音的浊声母后来在方言中就变阳调。

演变平行的例子如下：

意义	泰语	龙州	剥隘	水家	古台语	汉语上古音
鹅	haan B1	——	haan B1	ŋɑn B2	*han B	雁 *ŋrɑn 去
下颚	ŋïak DIL	hïïk DIL	ŋïïk DIL	——	*hŋïɑk D	颚 *ŋak 入
五	haa C1	hɑɑ C1	haa C1	ŋo C2	*ha C	五 *ŋɑg 上

“六”字是从 *xrjəkw 变来的

古汉台语 **xrjəkw ＜ 上古汉语 *rjəkw>*ljəkw / 古台语 *xrok

在汉语中前置辅音脱落，变成 *rjəkw，后来变成 *ljəkw；而

在台语中则 -j- 丢失，元音 ə 受韵尾的影响变成 o，然后韵尾 -kw 变成 -k。台语方言中“六”字在暹罗泰语读 hok，龙州读 huk，Ahom 语读 ruk，武鸣读 rok，田州读 lok，所以李先生拟测为 xrok。根据梁敏、张均如（1996：427）的研究，古台语的 xr- 在邕宁话读 hlok，可见拟测的可靠性。汉语的历史中来母字一直是 l-，到最近才知道来自 r-，也没有 xr- 声母的痕迹。如果这是汉语借入台语的借字，试问 xr- 是从哪里来的？是从古汉语的哪一个阶段借过去的？这个问题既不能回答，就得从另一个方向来想一想，假定台语和汉语有亲属关系。跟“五”字一样，在声调产生的时候，古台语保持 xr- 的清声母，而古汉语已变为浊声母的 r-，后来进一步变成 l-。古台语的清声母后来变阴调，汉语上古音的浊声母后来在方言中就变阳调。以下是几个平行的例子：

意义	泰语	龙州	剥隘	邕宁	柳江	古台语	汉语上古音
鱼网	hɛɛ A1	hee A1	lee A1	hle A1	hje A1	*xrɛ A	罗 *lar 平（l< r）
鱼篓	——	khïïŋ A1	——	hlu:ŋ A1	hjɯ:ŋ A1	*xrïŋ A	笼 * ljung 平(l< r）
六	hok D1	huk D1	lɔk D1	hlok D1	hjok D1	*xrok D	六 *ljəkw 入(l< r）

我认为台语中数目字的系统有层次问题，以“五、六”两字而言，请看以下引自倪大白（1990：295）的资料，单数 3、7 表示阴调，双数 4、8 表示阳调。

	壮语	布依	傣语	侗语	仫佬	水家	甲姆	拉珈
五	ha 3	ɣɑ 3	ha 3	ŋo 4	ŋɔ 4	ŋɔ 4	ŋu 4	ŋo 4
六	ɣok 7	zok 7	hok 7	ljok 8	lɔk 8	ljok 8	ljok 8	lok 8

显然前三个语言是一类，都读阴调；后五个语言是另一类，都读

阳调。声母也有显著的差异。后者从声母、声调来判断，大概是汉语借词，而前者无法用借词解释，最大的可能是汉语和台语共有的具有亲属关系的词汇，只是演变不同使得我们难以辨认。这是台语中的层次问题，不能把不同层次的语料一概而论，分清楚层次就可以判断是否借词。

二、汉藏语中的“五、六”两字

现在加上藏缅语和苗瑶语的材料，重新来讨论“五、六”两字的拟测。这是我跟孙宏开合作的《汉藏语同源词谱》的一部分。首先拟测古汉藏语的读音，再分别解释从古汉藏语如何演变为汉语、藏缅语、侗台语和苗瑶语。我们相信至少从“五、六”两字看来，这四个语族应该有亲属关系。希望不久就能找到更多的同源词。

汉字　　　　　五
古汉藏语拟音　　*glŋɑg

汉语　上古汉语 *ŋag 上声
　　　厦门话 gɔ̃　福州话 ŋou　海南话 ŋɔu
　　　北京话　长沙话　湘乡话　西安话 u　太原话 vu
　　　广州话　南昌话　苏州话　温州话　梅县话 ŋ

说明：古汉藏语的前置辅音 gl- 在上古汉语中已经失落。上古汉语的韵尾 -g 在各方言中都没有痕迹。基本辅音 ŋ 有的保存，有的失落。有的方言主要

元音 -a- 受 -g 尾的影响变为合口的后元音。有的方言元音失落，只剩下成音节的舌根鼻音。

藏缅语　古藏缅语：*glŋɑ>*blŋɑ

1. 藏文 lŋa　藏语夏河话 hŋa　阿力克话 rŋæ　错那门巴语 le ŋe　格曼语 kɯ len
2. 独龙语 pɯ ŋɑ　阿侬怒语 phɑŋ　米基尔语　喀比语　pho
3. 羌语亚都话 ʁuɑ　普米语兰坪话 ɣuɑ̃　尔龚语道孚话　nɢvɛ　西夏语 guu　弯绰语 a ga
4. 藏语拉萨话 ŋa　巴塘话　墨脱门巴语　贵琼语　尔苏语　波拉语　怒苏怒语　纳木义语　嘎卓语　纳家语 ŋa　哈尼语绿春话 ŋa̠　缅文 ŋɑ　缅甸语仰光话　彝语巍山话　拉祜语 ŋɑ　彝语撒尼话 ŋɒ　木雅语 ɴɑ　景颇语 mă ŋa　达让语　义都语 mɑ ŋa　波姆语 ŋæ　载瓦语　彝语南华话　白语 ŋo　博嘎尔语 o ŋo　阿昌语　仙岛语　浪速语　哈尼语墨江话　基诺语 ŋɔ　彝语武定话 ŋu　彝语喜德话 ŋɯ　扎坝语 ŋøi　普米语九龙话 ŋuə　却域语 ŋua　傈僳语 ŋuɑ　嘉戎语 kə mŋo　史兴语 ɦõ ku　勒期语 ŋ
5. 纳西语 uɑ　土家语 oŋ
6. 塔芒语 ʔŋɑh
7. 克伦语 jɛ

说明：古汉藏语 *glŋɑg 的 -g 丢失，前置辅音 g- 在古藏缅语中可能变成 b-，glŋɑ>blŋɑ 有多种演变：

第 1 类显示前置辅音丢失，有 -lŋ- 的痕迹。但格曼语 kɯ len 似乎还有前置辅音 g- 的遗迹。

第 2 类显示有 b-、ŋ- 的痕迹。

第 3 类 g- 仍旧保留，或变为舌根或小舌部位的塞音或擦音，但没有 -lŋ-

的痕迹。

第 4 类则完全失落了 ɡl- 或 bl-，只剩下鼻音 ŋ- 或 ŋ。

第 5 类是少数语言声母完全脱落的，如纳西 uɑ，土家 oŋ 等。

第 6 类喜马拉雅语支的塔芒读 ʔngah，带前置辅音 ʔ 和韵尾 -h，很像是 ɡ- 和 -ɡ 的遗迹。

第 7 类克伦语的 jɛ 难以解释。

侗台语　古侗台语 *bŋɑ>*hŋɑ C

1. 黎语通什话 pa　加茂话 pu　普标语 mɑ
2. 壮语柳江话　武鸣话　邕宁话　老挝话 ha　泰语 hɑɑ
3. 侗语　佯黄语 ŋo　仫佬语　水语 ŋɔ　拉珈 ɔ̃。

说明：古汉藏语的 *ɡlŋɑɡ 的 -l- 和 -ɡ 丢失，在黎语中 *ɡŋɑ 变成 *bŋɑ，现在的方言声母读 p-、m-。李方桂先生把古侗台语的“五”字拟测为 ha，我（2004）曾经推测 hɑ 是经过 hŋɑ 变来的，现在加上黎语的材料，可能是从 bŋɑ 变为 hŋɑ 的。现代侗台语有两派读音，一派声母读或 h-，可能保存古读；一派读 ŋ-，可能是汉语借词，有的地方 ŋ- 使元音鼻化后消失。

苗傜语　古苗瑶语　*prɛ 1（陈其光 2001: 458），也许可以拟为 *prɑ 1。

1. 苗语吉卫话 pʐɑ　宗地话 pʐɪ　高坡话 plɒ　复员话 pja　瑶语金秀话 pia
   布努语大化话 pjo　炯奈语龙华话 pui
2. 石门坎话 pɯ　青岩话 pe　畲语陈湖话 pi
3. 养蒿话　枫香话　巴哼语 tsa　先进话 tʂi

说明：古汉藏语的 *ɡlŋɑɡ 的 -ŋ- 和 -ɡ 丢失，从苗瑶语各方言来看，可能 ɡlŋɑ 变成 blŋɑ，再从 blŋɑ 变 prɑ 或 plɑ，只是鼻音 -ŋ- 丢失，有的方言 -l- 变 -j-，都是很自然的演变，第 1 类就是这种类型。第 2 类 -r- 也失落了，藏缅语族、侗台语族部分语言都有类似的音变。如藏缅语族的米基尔语读

pho，喀比语读 pho；侗台语族的黎语通什话读 pa，加茂话读 pu 等。第 3 类则从 pr- 先变为卷舌塞擦音，再变为舌尖塞擦音。

演变规律：

古汉藏语 **glŋag
- 古汉语 *ŋag
- 古藏语 *glŋa>*blŋa>*lŋa
- 古侗台语 *bŋa>*hŋa
- 古苗瑶语 *blŋa>*pra

总说明：以上的说明是从演变的角度解释古汉藏语的“五”字如何从 glŋag 变成今天各语言及方言的读音。现在说明拟音的根据：第一，古藏语的“一、二、三”gtɕig，gn̥is，gsum，藏语夏河话读 htɕiχ、hn̥i、hsəm，而‘五’读 hŋa，相信原来的前置辅音是一样的。第二，-lŋ- 根据古藏文。第三，元音 -a- 根据汉语、藏缅语、侗台语和苗瑶语。第四，韵尾 -g 根据汉语上古音。

汉字　　　　六
古汉藏语拟音　*grjəkw

汉语　上古汉语 *rjəkw>ljəkw 入

厦门话 liɔk　梅县话 liuk　南昌话 liuʔ　福州话 løyʔ　海南话 lak　广州话 lok　苏州话 loʔ　北京话　西安话 liou　太原话 liəu　长沙话　温州话 ləu　湘乡话 liei

说明：古汉藏语“六”*grjəkw 的前置辅音 g- 在汉语中丢失，rjəkw 在汉语上古音中保存。今天的方言中 r- 都变成 l-；-kw 使得元音 -ə- 变为圆唇元音之后，有的变成 -k 或 -ʔ，有的进一步丢失。

藏缅语　古藏缅语：*gruk>druk

1. 书面缅语 khrɔk　错那门巴语 kroʔ　独龙语 kɹuʔ　景颇语 kʒuʔ　怒苏怒语 khɹ　浪速语 khjauk　勒期语 khjuk　波拉语 khjauʔ　载瓦语 khjuʔ　阿昌语 xʐoʔ　达让语 tɑ xɹo　义都语 tɑ hɹo　纳家语 rɯ　克伦语 xɯ̱i　拉祜语 khɔ　彝语巍山话 kho　撒尼话 khu　哈尼语墨江话 khv̱　贵琼语 khuo　纳木义语 qhu　哈尼语绿春话 ku̱　博嘎尔语 a kɯ　格曼语 kɯ tɑm
2. 缅甸仰光语 tɕhauʔ　木雅语 tɕhuə　史兴语　tɕhu ku　仙岛语 chuʔ　彝语南华话　傈僳语　基诺语 tɕho̱　嘎卓语 tɕho　武定话 tɕhu̱　尔龚语道孚话 xtɕho　西夏语 tɕhjiw
3. 书面藏语 drug　藏语阿力克话 tʂuk　嘉戎语 kə tʂok　藏语巴塘话 tʂuʔ　夏河话　tʂəχ　米基尔语　喀比语 throk　绰语 a zok　波姆语 wɔk　塔芒语 ʔtuuh
4. 藏语拉萨话　普米语兰坪话 tʂhu　扎坝语 tʂho　尔苏语 tʂhʉ　纳西语 tʂhuɑ　羌语亚都话 χtʂuə　彝语喜德话 fu　白语 fu̱　土家语 wo
5. 阿依怒语 kuŋ　墨脱门巴语　khuŋ

说明：古汉藏语的“六”*grjəkw 先变成古藏缅语的 *gruk，再变成 *druk。-j- 丢失，-kw 先使元音 -ə- 变为圆唇后元音，然后变成 -k。

第 1 类前置辅音 g- 清化为 kh-，同时显示 k 有许多变体：k-、x-、h-、qh- 等等，元音基本上受韵尾的影响由 -ə- 变为圆唇后元音，韵尾 -k 有的地方变成 -ʔ，有的地方进一步脱落。
第 2 类是第一类的进一部发展，声母 kh- 颚化为 tɕh-，元音基本上是圆唇后元音，-k 有的地方还保存 -ʔ。
第 3 类是从 *druk 来的演变，dr- 变成 tʂ- 或 t-，元音基本上也是圆唇后元音，-k 大致保存，有的地方变为 -ʔ、-χ 或 -h。
第 4 类则是第三类的进一步发展，声母 tʂ- 在 -u 之前变成 f-，可能 f- 再变成 w-，而韵尾 -k 则完全丢失。

第 5 类可能是从第一类 khu 及 ku 变来的，但鼻音尾 ŋ- 的来源不明。

侗台语　古侗台语 *xrok

1. 壮语邕宁话 hlŏk　柳江话 hjok　傣语版纳话　德宏话　老挝话 hok　泰语　hɔk 武　鸣话 ɣok ɯ
2. 拉珈语 lok　仫佬语 lɔk　佯黄语 lwɔːk　临高话 sok　水语 ljɔk　侗语 ljo
3. 普标语 mə n̥am　黎语加茂话 nəm　通什话　tom

说明：古汉藏语的“六”*grjəkw 变成古侗台语的 *xrok，g- 清化为 x-，-j- 丢失，-kw 使得元音 -ə- 变为圆唇后元音之后变成 -k。

第 1 类 x- 变为 h-，或受 -r- 的影响浊化为 ɣ-，元音及韵尾都保存。
第 2 类 x- 消失，-r- 变为声母 l-，元音保持圆唇，-k 尾大致保存。声母 l- 有进一步变为 s- 的，正跟汉语闽方言中来母字 l- 变 s- 的情形一样。
第 3 类的“六”字显然是从另一个来源来的。

苗瑶语　古苗瑶语 *krɔk（陈其光 2001：639）

1. 畲语陈湖话 kɔ
2. 瑶语金秀话 tɕiuʔ　苗语枫香话　巴哼语 tɕau　苗语复员话 tʂo　炯奈语龙华话 tʃɔ　苗语养蒿话 ʈu　吉卫话 ʈɔ　青岩话　布努语大化话 ʈu　苗语高坡话 ʈə　先进话 ʈou　石门坎话 ʈl̥au　宗地话 ʂu

说明：古汉藏语的“六”*grjəkw 变成古苗瑶语的 *krɔk，g- 清化为 k-，-j- 丢失，-kw 使得元音 -ə- 变为圆唇后元音之后也变成 -k，从古汉藏语到古苗瑶语是很自然的音变。第一类的畲语陈湖话读 kɔ，-r- 和 -k 都丢失；第二类在苗语各方言中 kr- 变为卷舌的塞擦音 tʂ- 或 tɕ-、tʃ-，也有的变为卷舌的 ʈ- 或 ʈ-，-k 尾失落，而傜语金秀话还有 -ʔ 的痕迹。

演变规律：

古汉藏语 grjəkw
- 古汉语 rjəkw>ljəkw
- 古藏缅语 gruk>druk
- 古侗台语 xrok
- 古苗瑶语 krɔk

总说明：从藏缅语和苗瑶语可以看出“六”字有 gr- 或 kr- 的复声母，所以选择 gr- 有两个理由：第一，在藏缅语中有的语言变 khr- 有的语言变 kr-，并不一致，不像是从清声母 kh- 或 k- 变来的，跟汉语中古音群母字 g- 在方言中读 kh- 或 k- 的情形很类似。第二，书面藏语是 drug，说 dr- 从 gr- 变来比较好解释。-jə- 及韵尾 -kw 是根据上古汉语拟测的，藏缅语、侗台语和苗瑶语都显示圆唇的后元音及韵尾 -k。

三、结语

上文讨论汉语和台语的关系时，曾经把“五”字拟测为 **hŋɑg，“六”字拟测为 ** xrjəkw，现在又分别拟为 **glŋɑg 和 **grjəkw，似乎前后不一致。其实，这是严格根据材料说话的结果。汉语和台语看不到 gl- 或 g- 的痕迹，只能作那样的拟测，加上藏缅语和苗瑶语之后，视野就扩大了，也就得到不同的结论 。

究竟汉语、台语、藏缅语和苗瑶语彼此之间的关系孰近孰远，只凭“五、六”两字自然无法说定，还要等到材料累积到某一个程度才能进一步讨论。

参考文献

陈其光:《汉语苗瑶语比较研究》，丁邦新、孙宏开主编《汉藏同源词研究（二）汉藏、苗瑶同源词专题研究》，广西民族出版社，2001 年。

丁邦新:《上古汉语的音节结构》，《历史语言研究所集刊》50.4：717—739，1979 年。

丁邦新:《上古阴声字具辅音韵尾说补正》，《师大国文学报》16：59—66，1987 年。

丁邦新:《丁邦新语言学论文集》，商务印书馆，1998 年。

丁邦新:《论汉语和台语的关系——李方桂汉台语同源论的检讨》，《纪念李方桂先生百年冥诞论文集》，中央研究院语言研究所，2004 年。

李方桂：Sino-Tai, Computational Analysis of Asian and African Languages 3: 39—48, 1976.

梁敏、张均如:《侗台语族概论》，中国社会科学出版社，1996 年。

倪大白:《侗台语概论》，中央民族学院出版社，1990 年。

孙宏开:《原始汉藏语的复辅音问题——关于原始汉藏语音节结构的理论思考之一》，《民族语文》1999 年第 6 期。

原载《民族语文》3：1—6，2005。